Ediciones DIASPORAS NOIRES

www.diasporas-noires.com

©MIR – Movimiento Internacional por las Reparaciones 2020
ISBN versión numérica : 9782490931163
ISBN versión impresa   : 9782490931170
Fecha de la publicación numérica : Septiembre 2020

Imagen de la portada : Diseñada en 2018 por Sathérou Seba y Mame Hulo para el primer Konvwa en tierra africana, esta imagen de un hombre con sus cadenas rotas, acompañado por su esposa que regresa por mar, aquí en Gorea, simboliza una victoria sobre todas las puertas llamadas "puertas sin retorno" que pululan en el continente. ¡Los descendientes de los deportados africanos están DE VUELTA y ésto es una reparación muy importante!

Traducido del francés al español por Guillermo SINTEZ DIAZ

REPARACIONES

Une exigencia urgente para la Humanidad

LIBRO COLECTIVO INTERNACIONAL
Marcando el vigésimo
KONVWA BA REPARASYON
Mayo 2020 en Martinica

Obra coordinada por el MIR
(Movimiento internacional por las reparaciones)
Garcin Malsa y Mame Hulo
Con la valiosa ayuda de Myriam Malsa

Traducido del francés al español por
Guillermo SINTEZ DÍAZ

REPARACIONES

Une exigencia urgente para la Humanidad

Philippe Bessière - Nita Brochant

Gladys Démocrite - Patricia Donatien

Reina Madre Dòwòti Désir - Claudette Duhamel

René Louis Parfait Etilé - Mame Hulo - Jacqueline Jacqueray

Apa Mumia Makeba - Garcin Malsa - Alain Manville

Rosa Amelia Plumelle-Uribe - Luc Reinette

Prof. Coovi Rekhmiré - Louis Sala-Molins

Juliette Smeralda - Rodolphe Solbiac

Joby Valente

DIASPORAS NOIRES
Collection Racines

LISTA DE AUTORES

(por orden de aparición de las contribuciones)

Garcin Malsa - Martinica

Presidente del MIR Internacional

Movimiento Internacional por las Reparaciones

Claudette Duhamel - Martinica

Abogada y vice-presidente del MIR

Alain Manville - Martinica

Abogado y miembro del MIR

Prof. Coovi Rekhimré - Benín

Égiptólogo, Filósofo e Historiador.

Especialista de la Trata Negrera europea

Rodolphe Solbiac - Martinica

Profesor titular universitario habilitado para dirigir investigaciones científicas

Estudios anglófonos caribeños – Universidad de Las Antillas

Rosa Amelia Plumelle-Uribe - Colombia

Colombiana, autora de varias obras sobre las tratas, la esclavitud y la dominación colonial

René Louis Parfait Etile - Martinica

Egiptólogo martiniqueño

Louis Sala-Molins - Francia

Profesor de filosofía política, especialista de las prácticas de la Inquisición Romana y de las codificaciones de la esclavitud de los Negros

Mame Hulo (Guillabert) - Senegal

Escritora, Directora de Ediciones Diásporas Noires, Miembro del Movimiento Federalista Panafricano, Embajadora en África del MIR

Philippe Bessière - Isla de la Reunión

Komité Rényoné Panafrikin & MIR Reunión

Nita Brochant, Jaklin Jacqueray, Luc Reinette - Guadalupe

Comité de redacción del CIPN Comité Internacional de los Pueblos Negros

Gladys Démocrite - Guadalupe

Abogada - Miembro del CIPN Comité Internacional de los Pueblos Negros

Su Majestad la Reina Madre Dòwòti Désir Hounon Houna II Guely - Haití/Benín

The AfroAtlantic Theologies & Treaties Institute

Juliette Sméralda - Martinica

Socióloga, escritora, investigadora

Apa Mumia Makeba (Benoît Bechet) - Guyana

Presidente del MIR Guyana francesa

Patricia Donatien - Martinica

Catedrático

Universidad de Las Antillas

Joby Valente - Francia

Presidente del Movimiento por una Nueva Humanidad

Vice presidente del Colectivo de Hijas e Hijos de Africanos deportados

TABLA DE CONTENIDOS

Introducción

Por Garcin Malsa

Presidente del MIR Internacional

Movimiento Internacional por las Reparaciones

Desde hace poco más de una década, una sed palpitante de justicia, Humanidad y verdad ha estado tocando a la puerta de los oprimidos. Al mismo tiempo, está surgiendo un rechazo sistemático de todas las formas de dinastías disfrazadas de democracia que encarnan las ideologías neoliberales. Olvidando que las memorias de los pueblos, incluso despojados, nunca logran desaparecer, los defensores de dicha democracia han atribuido su existencia y su desarrollo al Mundo Occidental.

Los pueblos les dan la espalda cada vez más a todos estos líderes que los habían arrastrado a esta forma de neoliberalismo. ¿No es esta constatación un cansancio de un mundo fragmentado construido con enfrentamientos de religiones, culturas, civilizaciones?. En cierto modo, lo que estamos presenciando es el fin de un mundo envejecido y deshumanizante que segrega la muerte.

Como si las manifestaciones populares, violentas o no, revelaran los sufrimientos padecidos durante demasiado tiempo por un planeta saqueado que entra progresivamente en erupción.

Erupción del planeta, insurrección de los pueblos: tal es el estado de este mundo moribundo.

Dado que los pueblos no tienen la misma trayectoria histórica, cultural, sociológica; es importante para nosotros, los Africanos de la diáspora y del continente africano, medir, a la luz de las mutaciones culturales, cómo contribuir a la construcción de este mundo por venir, que es posible, más justo, más humano, más unido, colocado bajo el signo de lo viviente y de la ecología.

Es nuestra misión en el Movimiento Internacional por las Reparaciones (MIR).

Antes de hablar del MIR, permítanme que abra un paréntesis para rendir homenaje a un gran pensador panafricanista cuyos escritos han inspirado, sin duda, a muchos panafricanistas. Quiero citar a **Anténor FIRMIN**.

En su libro "Sobre la igualdad de las razas humanas" en respuesta a GOBINEAU "Sobre la desigualdad de las razas humanas", demuestra científicamente, con obras concretas, hasta qué punto GOBINEAU había publicado tesis subjetivas y racistas para hablar del ser humano.

También es un visionario cuando se dirige a Haití en este mismo libro: "... ¡ Que este libro inspire a todos los niños de la

16

raza negra, el amor al progreso, la justicia y la libertad ! Porque al dedicarlo a Haití, todavía es a ellos a quienes me dirijo, a los desheredados del presente y a los gigantes del futuro."

Me doy cuenta con cierta satisfacción de que los movimientos populares que protestan contra el orden colonial en África, como el rechazo del franco CFA, como la reivindicación de la soberanía de los Estados de África, la reivindicación de tierras en Sudáfrica ... responden hoy, más de 135 años después de la publicación de "La Igualdad de las razas", a la llamada de Anténor FIRMIN.

También observo en las manifestaciones de desobediencia civil conducidas en Guadalupe, en Guyana, por militantes activistas, el estado de ánimo deseado por Anténor FIRMIN.

Observo además que los movimientos de boicot de los centros comerciales de los propietarios envenenadores de los Martiniqueños con pesticidas, especialmente la clordecona, están en fase con el Llamamiento de Anténor FIRMIN.

Es como si todos estos activistas, en su mayoría jóvenes, organizados a su manera, se desencadenaran contra las injusticias cometidas contra sus pueblos, durante más de cuatro siglos, convirtiéndose en la encarnación de los sufrimientos acumulados desde la esclavitud. Esos sufrimientos surgen, hoy en día, en forma de insurrección virtuosa

17

Al verlos en acción, uno no puede evitar pensar en el juramento de Bois Kaïman, que es una preparación espiritual antes de ir a la batalla por la victoria final.

Cuando los activistas,hoy, piden la convergencia de las luchas para exigir justicia y reparaciones, el MIR llama a la Reconexión para que los Africanos de la Diáspora y del Continente puedan encontrarse de manera voluntaria y voluntarista.

Hay Reconexión sí o sí, hay convergencia obligatoriamente, y hay también autoreparación.

Estas tres palabras riman con Reparación.

La exigencia de reparación reclamada por el MIR es consustancial de la DESCOLONIZACIÓN.

Abriendo así la puerta a la SOBERANÍA.

Esa es, por lo tanto, la misión que el MIR se ha fijado desde su creación. Además, mucho antes del MIR, sus fundadores habían interpelado en 1992 al Occidente cuando alineaban sus acciones de Descolonización con la lógica de las 3 R: **Reconocimiento del crimen, Reparación y Reconciliación.**

Ni profecía, ni mesianismo, ni casualidad.

Ha llegado el momento de que nuestros Ancestros hagan converger sus energías fecundas hacia nosotros para acceder a todas las formas de auto reparación que abrirían el camino a la reparación global e integral. Esto será beneficioso para pacificar todo el planeta y garantizar su bienestar.

Es por esta razón que hago un llamamiento a todos los que aman la justicia y la equidad para que amplifiquen las acciones del MIR y les den un mayor impacto internacional.

En 2005, el MIR Martinica interpuso una demanda contra el Estado francés cuyos objetivos eran la reparación del daño resultante de la comisión de los dos crímenes y la designación de un colegio de expertos para conocer por fin esta parte reprimida de la Historia Mundial. Se pidió una provisión de 20 mil millones de euros y el peritaje del daño por un colegio de expertos.

Esta iniciativa judicial fue recibida con sarcasmo en ese momento y no fue tomada en serio ni por los medios de comunicación ni por el estado francés.

Se trataba, según un consenso ampliamente compartido, de una broma de mal gusto.

Esta broma, diez años después, se ha convertido en una de las cuestiones más serias que se le plantea al Estado francés y es objeto de múltiples procedimientos legales que se abren por todos los frentes. Los que sonrieron con la demanda formulada en 2005 de 20 mil millones de euros a título provisional tienen hoy la risa de conejo.

Hoy, más de diez años después, el Estado francés ha entendido la gravedad de su situación y el carácter legal perfectamente fundado de estos procedimientos en los que los jueces franceses se han visto obligados a reconocer, en contra de las negaciones escandalosas y revisionistas del Estado Francés en cuanto a su responsabilidad, que este último debía ser considerado responsable de la comisión de los dos crímenes, y que la causa de los demandantes era admisible.

Pero no han tenido la valentía del rigor de la ley y han retrocedido sobre la indemnización.

Han opuesto dos medios, el de la prescripción y el de la exclusión por la Ley TAUBIRA de cualquier reparación financiera. Se recurrió la sentencia del tribunal pero la última jurisdicción francesa ha confirmado en apelación la decisión de primera instancia.

No obstante el Tribunal Europeo de Derechos Humanos acaba de declarar admisible la demanda del MIR en

febrero de 2020. Esto significa una primera victoria para el MIR y un desaire para el estado francés.

Es una constante que los dos medios invocados por los jueces y el Estado no resistan el análisis, que los crímenes contra la Humanidad son crímenes imprescriptibles sin excepción, así como el derecho consustancial a la reparación con el que está intrínsecamente vinculado, que La Ley TAUBIRA no puede excluir por naturaleza ningún derecho a reparaciones financieras por los dos crímenes sin violar los principios constitucionales de la garantía de indemnización y de no discriminación reconocida a cada víctima.

Desde un punto de vista legal, la batalla no puede perderse y es solo cuestión de tiempo obligar a los jueces a aplicar el estado de derecho y ordenar no solo el peritaje, sino la condena del Estado francés a reparar.

Obtener esta condena es jurídicamente ineluctable, pero será necesario forzar la resistencia ideológica de los jueces y su miedo matricial a perjudicar los intereses del Estado francés, que, como buenos funcionarios, son su principal inquietud y preocupación.

MIR Martinica, que comenzó este combate hace más de 15 años, necesita llevarlo a un nivel superior y ampliar su alcance con una herramienta eficaz.

Esta necesidad se vuelve urgente ya que la cuestión de la reparación se ha convertido en un tema mediático y aquellos que se oponen, habiendo entendido que semejante cuestión ya no puede cerrarse, han decidido crear confusión.

Muchas organizaciones han comenzado con sus propias acciones, pero para ellas reparación rima con reconciliación y excluye las compensaciones financieras, alineándose con la línea del estado francés que solo prefiere una reparación de la memoria que ni siquiera asume.

Por lo tanto, la cuestión de los dos crímenes sería una simple cuestión moral en la que se trata de hacer un deber de memoria.

Estos revisionistas e ideólogos serviles al servicio del Estado ocuparán cada vez más el campo mediático y el combate que ha iniciado el MIR Martinica debe elevarse a otro nivel.

Por esta razón se ha decidido crear un MIR internacional cuyos miembros fundadores serán personalidades internacionales que exigirán que el Estado francés pague por fin su deuda con los derechohabientes de las víctimas de los dos crímenes.

La creación de esta organización responde a la situación actual de la cuestión.

Esta última ha sido llevada a la misma ONU por varios Estados soberanos del Caribe.

Algunos jefes de estado denuncian el sistema de dominación y explotación violenta con el que el Occidente somete al continente Africano. El mundo blanco y todas sus instituciones trabajan en realidad para mantener su desvergonzada explotación del mundo.

La cuestión de la reparación no es solo la de los dos crímenes de la esclavitud y de la trata, siendo la trata la forma más violenta de esta explotación que el Occidente prosigue desde hace 5 siglos en la otra parte del mundo.

La reparación concierne al mundo entero que sufrió el dominio de la civilización occidental construida de acuerdo con un modelo racializado y reductor, en cuya cúspide se encuentra el hombre blanco. Al erigirse este último en el principal aprovechado de la explotación del planeta y sus ecosistemas, ha provocado desajustes y sus consecuencias sobre la existencia de lo viviente. Un mundo intolerable.

Ha llegado el momento de que los pueblos que han sido explotados, expropiados de su riqueza natural, reclamen a sus saqueadores la reparación de sus fechorías. El crimen no ha sido solo la violencia física, los múltiples genocidios y los millones de muertes que aparecen en el balance civilizador de las sociedades occidentales.

La violencia fue también y fundamentalmente económica y política.

El crimen fue también el saqueo sistemático y la apropiación ilícita de la riqueza del otro para su único beneficio.

La deuda de los pueblos, desde hace 4 siglos, es gigantesca.

En medio de esta tragedia, África fue el objeto del mayor saqueo en el mundo que la Humanidad haya conocido. El deudor no es otro que el mismo Occidente...

Algún día, el Occidente tendrá que pagar su deuda como el Estado francés tendrá que pagar la comisión de los dos crímenes reconocidos por la Ley TAUBIRA.

La faz del mundo cambiará, al igual que el equilibrio de poder que ha hecho que los Estados nacionales, hasta el día de hoy, estén subordinados y sujetos a las exigencias y al poder del Occidente.

El Occidente tendrá que rendir cuentas y estas cuentas pasarán por la cuestión de la reparación.

La cuestión jurídica presentada ante los tribunales franceses abre, por lo tanto, el camino para poner en perspectiva las relaciones políticas que continúan perdurando y manteniendo en un estado de servilismo a la mayor parte del mundo.

Dicho proceso que tiene en sí mismo un alcance internacional debe recibir publicidad internacional: alcance internacional, no solo porque constituye el primer caso mundial y único en los sistemas de derechos existentes hoy en el planeta, sino porque se trata de un proceso que concierne e interesa a toda la diáspora mundial de Afrodescendientes y a toda la población Africana, que hace más de 5 siglos y durante tres siglos sirvió como reserva de fuerza laboral para el desarrollo capitalista de las potencias europeas y norteamericanas.

Esta madera de ébano fue el primer recurso sobre el cual se construyó la riqueza del mundo occidental.

Hoy es una urgencia histórica que se cree una organización cuyo campo cubra todo el planeta y encuentre los medios financieros y la buena voluntad para llevar a cabo este combate de la reparación, cuyo primer momento son estos procesos que reclaman reparación al Estado francés, pero cuyo objetivo es cuestionar la dominación del Occidente sobre el mundo y el rechazo, a partir de ahora, de las relaciones de fuerza a las que ha sido doblegada la gran mayoría de la Humanidad para beneficio únicamente de unos pocos.

El MIR Martinica debe crecer y crear un corpus político a la altura de la cuestión de la reparación, y esta altura es hoy no solo internacional, sino mundial.

La creación de un MIR internacional, que tendrá la capacidad de intervenir en esta escala de realidad, será la mejor garantía para que la lucha iniciada en 2005 contra el Estado francés pueda conseguir sus objetivos, pero también para que la cuestión de la reparación pueda convertirse en la cuestión vectora de la política mundial en el siglo XXI.

Si la cuestión de los derechos civiles en la década de 1960 en los Estados Unidos promovió la causa de los Negros, de ninguna manera resolvió la cuestión Negra.

Ser Negro todavía sigue siendo en los Estados Unidos, un estado en el que cada uno está abocado a una muerte violenta.

25

La cuestión de la reparación es una cuestión insuperable, no integrable e inmanejable para el sistema actual de dominación mundial porque toca su fundamento: el dinero y el poder que este último otorga.

Los reordenamientos de poder y riqueza que han tenido lugar entre los países productores de petróleo y el Occidente no han cambiado la lógica del sistema, estos países se han integrado en su mecanismo convirtiéndose en uno de los principales inversores.

El Occidente frente a la cuestión de la reparación y la deuda a pagar ya no podrá ejercer su dominio. Sin dinero, no hay poder.

Por lo tanto, la creación del MIR Internacional elevará el combate por la reparación a su verdadera dimensión histórica, la del promotor de una revolución en el equilibrio de fuerzas instituido por las potencias occidentales.

El asesinato de KHADAFI no ocurrió por casualidad, sino solo porque su voluntad de crear un banco africano amenazaba el sistema de chantaje del franco CFA y permitía escaparse de los grandes bancos internacionales que controlan África con una deuda ficticia.

¿Cómo puede tener África, que ha sido saqueada durante varios siglos, una deuda con el que le robó sus riquezas?

Es una evidencia jurídica que, sin embargo, solo es reconocida por unos pocos y una banalidad de sentido común que, sin embargo, se le escapa por completo a este último, convencido de que África puede deberle algo al Occidente.

El Occidente ha percibido bien el peligro que representa este cuestionamiento de la situación paralizada en la sumisión de los Estados Africanos a intereses supranacionales.

El **MIR internacional,** sobre la base de la problemática de la alteración del orden dominante en el mundo de hoy, tendrá como tarea principal permitir que la acción en reparación contra uno de los principales explotadores criminales de la construcción del poder occidental tenga éxito y obligar al estado francés a pagar finalmente la deuda que ha acumulado durante más de 5 siglos.

La cuestión de la reparación financiera que el Estado francés se niega obstinadamente a considerar encontrará, a través de la acción del MIR Internacional, un asentimiento, si no es un apoyo positivo, de todos los que son conscientes de aquello que ha hecho la historia de nuestro mundo desde hace varios siglos: la explotación a ultranza de los dominados.

El **MIR Internacional,** además de hacer visible y pública en el ámbito internacional la lucha contra el Estado francés, trabajará para que la diáspora mundial de los derechohabientes de las víctimas de los dos crímenes pueda reclamar personalmente una reparación al Estado francés, único estado en el mundo que se enfrenta a medios legales que permiten su condena.

El **MIR Internacional** tendrá como misión trabajar con los Estados que ya se han declarado favorables a la cuestión de la reparación por parte de las antiguas potencias europeas de los dos crímenes, participar en todas las manifestaciones que se realizarán a nivel internacional sobre la cuestión de la reparación para hacer que el mundo escuche la voz de aquellos que, después de 2001, decidieron hacerle pagar al Estado francés los crímenes que cometió.

El **MIR internacional**, por lo tanto, dará a la cuestión de la reparación su dimensión mundial y buscará crear conciencia entre todos los líderes políticos de los países víctimas de la explotación y dominación del Occidente sobre esta cuestión esencial que se le hace al Occidente, la cuestión de la reparación de 5 siglos de saqueo y violencia contra todos los países dominados, es decir, los crímenes cometidos por el colonialismo, un sistema que reemplazó la trata y la esclavitud para perpetuar una dominación abusiva del mundo.

Por lo tanto, el **MIR Internacional** tendrá la alta misión de reanudar, a nivel internacional, el trabajo realizado por MIR Martinica a nivel nacional dándole a la cuestión de la reparación su verdadera dimensión histórica y mundial.

La Reparación, una exigencia de justicia

Por Claudette Duhamel y Alain Manville

Abogados, Vicepresidente y Miembro del MIR

La Reparación debe ser primero parte de una visión de liberación del pensamiento y del hombre que implica una vasta empresa de reestructuración del humano deshumanizado y esclavizado.

Por lo tanto, postula la reparación del ser humano en su dimensión espiritual y en su dignidad como ser humano.

Debe ser una herramienta al servicio de la liberación total y el desarrollo humano de los Pueblos de África y de los Africanos deportados y reducidos a la esclavitud.

Para los pueblos Afrodescendientes del Caribe, la reparación es, por lo tanto, esencial para recuperar la verdadera libertad, es decir, la verdadera libertad del espíritu, que tenga el poder de expresar un pensamiento que sea lo más posible el fruto de la deliberación interior libre de alienación.

Ahora bien, para muchos Africanos y Pueblos de la Diáspora, esa reparación solo puede ser una especie de utopía, porque los crímenes que se han cometido han causado tales sufrimientos y daños a las personas que no pueden ser reparados de ninguna manera.

Tal análisis que pretende ser objetivo es en realidad una negativa a enfrentarse a la realidad de nuestros pueblos que aún sufren las graves consecuencias de este sistema que ha

29

durado más de 3 siglos en lo que concierne a la trata transatlántica.

El atraso en el desarrollo de nuestros países vinculado a la explotación de nuestros recursos humanos y naturales proviene directamente de este sistema de opresión, que fueron la trata, la reducción a la esclavitud y la colonización.

Si es cierto que un humano tocado y degradado en lo más profundo de sí mismo siempre lo recordará, y en este sentido, cualquier crimen que ataque la dignidad de un hombre nunca puede ser borrado, nada impide sin embargo que sea reparado.

Psicológicamente, estos pueblos enmarañados en actitudes contradictorias sufren y practican la huida hacia adelante.

Si los crímenes cometidos nunca pueden borrarse, permanecen como heridas abiertas en la memoria colectiva de los pueblos y deben repararse.

Los europeos que hoy tratan de minimizarlos, no pueden, sin embargo, borrar los indicios de culpabilidad y responsabilidad, que los llevaron a reconocer oficialmente estos crímenes, mientras continúan adoptando actitudes agresivas hacia los Pueblos Negros que son las víctimas.

Los descendientes de Africanos deportados y los Africanos que intentan acomodarse con Europa debido a su situación de dependencia económica, no pueden sin embargo olvidar que, al mismo tiempo, es esta Europa el origen de la dramática situación que están experimentando.

EN 1985 se crearon asociaciones entre Martiniqueños y Guadalupeños, incluido el CIPN, bajo el impulso de Martiniqueños como el abogado Señor MANVILLE y G. MALSA, y de Guadalupeños como REINETTE LUC y el difunto decano del colegio de abogados Señor RODHES.

Por lo tanto, el arranque de las acciones que deben conducir a la reparación se puso en marcha hace ya más de 30 años **a través de varias acciones destinadas a romper la memoria colectiva oficial que al mismo tiempo que impone una visión de la historia que glorifica el poder colonial, reprime la cuestión central de esta historia anterior y posterior a la esclavitud, a saber, la cuestión de la reparación.**

Así, desde esos años, la voz de nuestros pueblos se amplifica a través de numerosos eventos que incluyen marchas silenciosas en París, la realización, gracias a la voluntad del antiguo alcalde de la ciudad de Sainte-Anne, de un viaje triangular para restaurar la memoria del crimen en los jóvenes y hacerles conscientes de la necesidad de involucrarse en un proceso de reparación.

Este convoy tuvo lugar en 1998 entre Nantes, Gorea y Sainte-Anne en Martinica.

De esta manera se sacó el debate al espacio público y fue bajo el peso de este vasto movimiento que Francia adoptará en 2001 la Ley que reconoce la trata negrera y la esclavitud de los Africanos como un crimen contra la Humanidad.

Pero si Francia ha sido obligada por la historia a reconocer el crimen, ha querido sin embargo asegurarse de que este reconocimiento no implique reparación, por lo que solo ha organizado en este texto la construcción de lugares de memoria, la inclusión del tema de la trata y de la esclavitud en los libros de historia, en resumen, enfoques que, si bien tienen el mérito de existir, siguen siendo ineficaces para reparar materialmente a los derechohabientes de las víctimas de estos dos crímenes.

Por esta razón, hemos insistido en que Francia sepa a través de varias acciones simbólicas, pero sobre todo al iniciar procedimientos legales que nos lo hacen recordar a todos, que el Reconocimiento del crimen implica necesariamente su reparación material, porque rechazar este principio es continuar negando la Humanidad del hombre negro.

Estas acciones fueron de naturaleza simbólica, legal y política.

Las acciones simbólicas se materializaron especialmente a partir de 2001 con la organización del konvwa para la reparación sobre temas que recuerdan la necesidad de que nuestros pueblos rindan homenaje a nuestros Ancestros, honren nuestras raíces Africanas y reconecten los vínculos entre la Diáspora y África, siendo todo ello un eje principal.

A través de este convoy, que dura una quincena en mayo de cada año, tenemos la intención de hacer que los Martiniqueños entiendan que, al anclarse en sus raíces africanas, pueden recuperar el impulso hacia la verdadera libertad, que consiste en primer lugar en exigir respeto por su dignidad humana.

A nivel político, el MIR ha participado en numerosas conferencias internacionales celebradas en el Caribe, Estados Unidos y Europa. En estas ocasiones, hemos establecido vínculos duraderos con el Caribe al participar en el movimiento por las reparaciones lanzado por CARICOM.

Pero es desde un punto de vista jurídico que el MIR ha lanzado una batalla importante para que se reconozca el derecho a la reparación de los Afrodescendientes.

De hecho, desde mayo de 2005, un colectivo de abogados ha encausado procedimientos judiciales ante jueces franceses para obligarlos a condenar al Estado francés por los dos crímenes de los que ha sido uno de los principales autores entre el Siglo XV y la primera mitad del Siglo XIX.

Las acciones de este colectivo se basarán en la Ley del 21 de mayo de 2001 en cuyos términos el parlamento del Estado francés, antigua potencia esclavizadora que había organizado la trata negrera y la reducción a la esclavitud en las islas del Caribe de millones de Africanos deportados, votaba una ley en virtud de la cual reconocía que esta trata y esta reducción a la esclavitud constituían un crimen de lesa Humanidad.

Así es el título de esta ley: *"la República Francesa reconoce que la trata negrera transatlántica, así como la trata en el Océano Índico, por un lado, y la esclavitud, por otro lado,*

33

perpetradas desde el siglo XV en América y el Caribe, en el Océano Índico y en Europa contra las poblaciones africanas, amerindias, malgaches e indias constituye un crimen de lesa Humanidad ".

Este texto fue adoptado bajo el impulso de numerosas asociaciones de Martinica y Guadalupe, como el CIPN y el MIR

Este texto ha dado lugar a amplios debates y a una fuerte resistencia de muchos parlamentarios franceses que temían que los descendientes de esclavos vinieran, como los judíos, a encausar demandas de reparación por este crimen contra la Humanidad.

Por ello, la exigencia de reparación no fue mencionada en esta ley y, el Estado francés creía, así, que simplemente había aprobado una ley llamada de memoria histórica, es decir sin ninguna consecuencia legal en cuanto a la reparación necesaria del crimen de lesa Humanidad.

De este modo, el Estado francés se mantenía totalmente en línea con su doctrina aplicada a las poblaciones producto de la esclavitud, los Afrodescendientes, en sus últimas colonias y que consiste simplemente en no reconocerles el derecho a su plena y completa **Humanidad que implica el derecho a la reparación de los crímenes que atentan contra su dignidad.**

Efectivamente, el crimen contra la Humanidad constituye **una negación de la dignidad inherente de la persona humana** o del grupo de personas que han sido víctimas de este crimen.

Ahora bien, el respeto a la dignidad humana no debe estar sujeto a ninguna excepción y se impone a las autoridades responsables garantizarlo, en este caso a las autoridades judiciales francesas.

La adopción de esta ley abrirá una vía para el establecimiento de acciones legales para la reparación, pero también para el respeto de nuestra Humanidad por parte de los órganos constitucionales franceses, incluida la justicia, como veremos.

I - ACCIONES EN REPARACIÓN ANTE UN TRIBUNAL CIVIL CONTRA EL ESTADO FRANCÉS ORGANIZADOR DE LA TRATA Y DE LA ESCLAVITUD

Hay que saber que existen muchos edictos reales que organizan la trata negrera financiada por el estado francés.

Además, el estado francés llegó a codificar la esclavitud y sus avatares en un texto terrible, el Código Negro.

La lectura de este texto es edificativa, y cuanto más terrible que se pretende hacer creer que fue aplicado para evitar los abusos de los amos de esclavos.

Dado este papel de organizador, y también de beneficiario de estos crímenes, parecía lógico atacar al estado criminal francés.

Una primera acción ante el juez de lo civil fue presentada primero por el MIR y el CMDPA (Consejo Mundial de la Diáspora Panafricana) en mayo de 2005, seguida de la intervención voluntaria de un cierto número de afrodescendientes.

Como parte de esta primera acción, se solicitó una provisión de 200 millones de euros y la designación de un colegio de expertos compuesto por especialistas en la materia en varios campos para hacer propuestas de reparaciones.

Obviamente, el estado francés afirmó primero no haber sido el autor del crimen, refiriéndolo a los actos y artimañas de individuos particulares y oponiendo la prescripción. Renunciando a negar su responsabilidad claramente designada en el texto de la Ley Taubira, trató de escapar del juez de lo civil invocando la jurisdicción del juez de lo contencioso-administrativo.

En 2008, el juez de Fort-de-France reconoció la competencia judicial, alegando al mismo tiempo que la acción judicial llevada a cabo bajo el signo de la vía de hecho, planteaba dificultades ya que dicho crimen era, según él, legal en el momento de su comisión, tal y como lo demostraba el Código Negro.

Los demandantes demostraron que el Código Negro, un texto ilegal que se aplicaba en las colonias por un acto de fuerza, ya que Colbert no lo había sometido a "registro por el parlamento de París" como lo exigía la legislación del antiguo régimen, no podía legalizar un crimen.

Ante los argumentos presentados por los demandantes ante el juzgado, el Tribunal Supremo con motivo de un proceso penal encontró una manera de obstruir las objeciones que se hicieron por prescripción y la imposibilidad de excluir legalmente de la Ley Taubira el principio de reparación material y financiera por los dos crímenes legalmente calificados como crímenes contra la Humanidad.

Mediante una decisión dictada el 13 de febrero de 2013, el Tribunal Supremo, en el caso que oponía asociaciones antirracistas a un descendiente de esclavizadores que había hecho la apología del crimen de lesa Humanidad, ha enucleado la Ley Taubira al dictaminar que esta ley constituye una ley de memoria histórica privada de alcance normativo.

Con ello, el Tribunal Supremo, solo perseguía un objetivo, privar a la acción de los demandantes de su principal fundamento jurídico. La Ley TAUBIRA, privada de esta manera de alcance normativo y, por lo tanto, carente de cualquier eficiencia jurídica, ya no podría servir como fundamento a una demanda de reparación ni obstruir el argumento principal de la prescripción que opone el Estado.

Asimismo defendía que la acción estaba prescrita, que caía bajo la jurisdicción de otro tribunal que juzgue los pleitos entre la administración y las personas privadas, y finalmente que la trata negrera y la esclavitud eran legales durante el período en que se practicó ya que no se abolió hasta 1848.

El proceso ante el tribunal, duró casi 9 años y terminó con una desestimación de la demanda, al determinar el tribunal que la demanda presentada por concepto de derechohabiente de esclavos era improcedente porque estaba prescrita.

En esta sentencia del 29 de abril de 2014, el tribunal admitió que las demandas de los Afrodescendientes hechas a título personal y no como derechohabientes de sus antepasados, eran realmente procedentes como no prescritas, pero las rechazó por falta de que estos últimos, según él, hubieran presentado la prueba de un vínculo de causalidad directa y segura entre los hechos denunciados y el presunto daño.

Por lo tanto, el tribunal no negó su derecho a reparación como la decisión del Tribunal Supremo les invitaba a hacerlo. Simplemente basó su decisión en la prescripción de la acción, considerando que estos últimos, teniendo en cuenta el tiempo transcurrido, no podrían justificar un daño suficientemente atribuible a los crímenes sufridos por aquellos de sus Ancestros que fueron víctimas de trata o esclavitud.

El MIR, el CMDPA y los demandantes Afrodescendientes interpusieron recurso de apelación de esta decisión .

En una sentencia de fecha 19 de diciembre de 2017, el Tribunal de Apelación de Fort-de-France debía confirmar la sentencia, pero por otros motivos que, paradójicamente, conducen a legitimar jurídicamente la acción de reparación de los derechohabientes de las víctimas, criticada como resultado de un error legal o de una ignorancia de quienes la llevaban a cabo.

El Tribunal de Apelación sostuvo, en particular, que la prescripción se cumplió sobre la base del siguiente argumento: los Afrodescendientes podían actuar desde el decreto que abolía la esclavitud en Martinica en 1848 que reconocía que la esclavitud era un atentado contra la dignidad humana; que si la acción quedó en suspenso debido a su situación material y moral hasta que pudieron actuar, no proporcionaron la prueba del impedimento que habría continuado durante 100 años y que habría obstruido su acción. Todo ello habría continuado más allá de este período.

El Tribunal de Apelación, más allá del argumento extraído de la reacción demasiado tardía de los derechohabientes que solo intervinieron en mayo de 2005, es decir, más de 57 años después de mayo de 1948, adoptó la jurisprudencia oportunista y política del Tribunal Supremo según la cual la imprescriptibilidad de los crímenes contra la Humanidad en el derecho francés solo sería válida para los crímenes nazis juzgados por el Tribunal de Nuremberg y excluiría todos los demás crímenes debido a la no retroactividad de la ley penal en derecho interno.

Esta jurisprudencia del Tribunal Supremo se desarrolló a fines de los años 80 para preservar al Estado francés y a algunos de sus agentes de actuaciones judiciales por los crímenes cometidos en Argelia contra su propia jurisprudencia, esta vez de conformidad con el derecho internacional y el derecho interno, establecida en los casos de Barbie y Touvier a propósito de crímenes nazis. Llegó incluso a cuestionar la naturaleza imprescriptible de los crímenes contra la Humanidad, que fueron la trata negrera y la esclavitud de los Negros con el argumento de que ningún texto preveía un principio general de retroactividad de las leyes destinadas a enjuiciar y castigar los crímenes contra Humanidad.

Sin embargo, los nuevos argumentos del Tribunal de Apelación de Fort-de-France de 2017 destinados a obstruir la exigencia de reparación se basan en un error de derecho en cuanto a la carga de la prueba, ya que el Tribunal de Apelación cargaba al demandante en reparación con la carga de un hecho cuyo referimiento recaía en el Estado francés. En su defecto, se debía condenar al estado a reparar.

En efecto, además del hecho jurídico de que no correspondía a los Afrodescendientes demandantes proporcionar la prueba del fin de un impedimento para actuar, la continuación de este impedimento se deducía de todas las tomas de posición oficiales de la mayoría de los altos representantes políticos de Francia, así como de la decisión de la máxima autoridad jurídica, el propio Tribunal Supremo, que en su sentencia del 5 de febrero de 2013 les había negado todo derecho a actuar después del reconocimiento del crimen con un texto legislativo.

Hasta la fecha podemos, por lo tanto, considerar legítimamente que el impedimento no se ha eliminado, salvo que haya evidencia de lo contrario y que sea imposible de ser referido concretamente por el Estado francés.

El Tribunal Supremo, requerido por vía de un recurso de casación contra la sentencia de Fort-de-France, tuvo que aplicar su jurisprudencia tendiente a privarnos de todo derecho a reparación.

Requerido de esta manera con una Cuestión Prioritaria de Constitucionalidad (QPC por sus siglas en francés) sobre la legalidad de la ley, el Tribunal Supremo se negó a transmitir esta cuestión al Consejo Constitucional. Sustituyendo de oficio a esta jurisdicción, el Tribunal Supremo estimó, como ya lo había hecho en su famosa decisión del 5 de febrero de 2013, que la ley al no tener un alcance normativo no podía, por lo tanto, además de servir como base para acciones legales, pero sobre todo, violar un principio constitucional.

Esta decisión sobre la QPC del Tribunal Supremo se inscribe en la línea de defensa de los intereses del Estado francés, cuya sentencia dictada el 5 de febrero de 2013 ha sido la formulación ejemplar, este último teniendo solo el único propósito de detener cualquier demanda de reparación sobre la base de la Ley TAUBIRA considerada como un cascarón vacío.

El MIR y varios Afrodescendientes apelaron esta denegación de justicia ante el Tribunal de Justicia de la Unión Europea en agosto de 2019.

Un segundo juicio ante el juez civil fue instituido por el MIR y otros Afrodescendientes con el mismo propósito sobre la base de la Ley Taubira.

La sentencia que se pronunció el 4 de abril de 2017 se basa esencialmente en la jurisprudencia de la sentencia del 5 de febrero de 2013 para juzgar que la Ley Taubira no tiene un alcance normativo y que no puede utilizarse como base para reparaciones financieras o acciones de reparación de cualquier tipo en beneficio de los Afrodescendientes.

Se recurrió esta sentencia reiterando los primeros errores del tribunal en 2014 y los del Tribunal Supremo a través de las decisiones de las jurisdicciones civiles. En respuesta a nuestras demandas de reparación hemos podido constatar que el Estado francés que proclama la igualdad de los ciudadanos rechaza cualquier idea de reparación de los Afrodescendientes víctimas de la trata negrera y de la esclavitud, mientras que reconoce el principio de la misma para las víctimas de los crímenes nazis, por lo tanto, para los ciudadanos judíos blancos.

Que este Estado se niega a aplicar el principio general de derecho que constituye la reparación que debe aplicarse tan pronto como haya una falta y un perjuicio como es el caso de la trata y la esclavitud.

Que se niega a aplicar a la trata y a la esclavitud de Negros la característica ineludible de la imprescriptibilidad, ya que rechaza cada vez las demandas con el pretexto de que están prescritas, que de esta manera, la visión de Francia que es la de Europa es siempre considerar que hay varias razas y, por consiguiente, que están jerarquizadas de tal manera que deben tener un trato jurídico desigual. Los crímenes contra la Humanidad cometidos contra los judíos son imprescriptibles, mientras que los cometidos contra los Afrodescendientes se prescriben y ya no pueden ser reparados por crímenes cuyas consecuencias aún están muy presentes.

Así es como el Estado francés que proclama la igualdad de los ciudadanos se niega a proporcionar reparación en la Ley de 2001 sobre la base de que la Ley de Taubira es una ley de la memoria histórica mientras afirma que la Ley de Gayssot que concierne a las víctimas judías de los crímenes nazis no lo es.

Mediante nuestras demandas de reparación ante los tribunales franceses, hemos obligado al estado francés, que afirma ser la patria de los derechos humanos, a quitarse la máscara y mostrar su cara horrible del neocolonialismo que aplica a todos los Pueblos Negros del Caribe y de África aún bajo su dominio.

Esta voluntad de no reparar y la negación de la Humanidad de Francia hacia el Pueblo Negro también quedaron evidenciadas durante las acciones ante los tribunales penales presentadas por el MIR con el fin de sancionar a ciertos descendientes de esclavizadores que, muy presentes y poderosos en Martinica, han podido hacer la apología de este sistema y de la antigua sociedad esclavista.

Una vez más, los tribunales franceses que operan en Martinica han protegido a estos racistas al negarse a aplicar la Ley de 2001, calificando la ley como no normativa y, por lo tanto, no pudiendo servir como base para el delito de apología de crímenes contra la Humanidad.

Requerida por parte del MIR con un recurso contra estas decisiones discriminatorias, el TEDH (Tribunal Europeo de Derechos Humanos) acaba de declarar, a finales de febrero de 2020 que dicho recurso es admisible, y una sanción a Francia por los incumplimientos de sus jurisdicciones civiles es más que probable. Al allanar por fin el camino para la implementación de una reparación real para todos los Afrodescendientes, esta decisión es histórica y muy importante para toda la Humanidad.

II ACCIONES ANTE JURISDICCIONES REPRESIVAS POR EL RESPETO A LA DIGNIDAD DE LOS AFRODESCENDIENTES

La Ley de 2001 nos permite ir mucho más lejos en la reparación de los crímenes de lesa Humanidad sufridos.

Es por ello que tenemos que hacer un importante trabajo de investigación sobre las grandes empresas ubicadas tanto en Martinica como en Francia para lograr que reparen ya que construyeron su fortuna con el trabajo de los esclavos.

Basada en los fundamentos de la Ley de 2001, los abogados del MIR planean emprender esta vía que requiere una investigación seria y que, por lo tanto, tiene un costo muy alto cuya magnitud rebasa los recursos actuales de la asociación.

La Ley de 2001 ya nos ha permitido hacer un trabajo esencial en las conciencias de los Afrodescendientes al atacar la doctrina que continúa permitiendo que el Estado francés y los descendientes de esclavizadores mantengan al Pueblo Negro en una situación sin derecho, a saber, la de la creolización.

El trabajo del colectivo hoy es explotar con múltiples procesos la jurisprudencia del Tribunal Supremo sobre el impedimento para actuar multiplicando las audiencias públicas de litigios ante el conjunto de las jurisdicciones francesas de acuerdo con la estrategia de "uno, dos, tres, cien, mil Vietnam".

Esta visión del mundo fue implementada por los europeos, incluidos los esclavizadores blancos, y se aplicó a los esclavos para perpetuar la esclavitud, ya que era absolutamente necesario hacer que el esclavo aceptara su destino como esclavo llevándole a considerase como siendo parte de otra especie, de otra raza diferente de la del amo blanco, especie inferior ya que era un esclavo y no tenía más remedio que asimilarse a los gustos del colono.

Esta tesis fue ampliamente desarrollada por teóricos europeos para justificar la esclavitud y con el fin de permitir su sostenibilidad.

La creencia en la existencia de varias razas es la base del racismo, que se forma no solo cuando uno defiende la superioridad de una raza sobre otra, sino simplemente cuando se considera como verdad la existencia de varias especies humanas.

En nuestro universo posterior a la esclavitud, la visión criolla continúa planteando el postulado de la existencia de varias razas, e inevitablemente su jerarquía, lo que justifica, de hecho, el tratamiento jurídico desigual que se nos aplica.

La Ley Taubira ha dado la oportunidad de requerir las jurisdicciones represivas contra los defensores de esta ideología criolla que obviamente constituye una apología del crimen de lesa Humanidad, como veremos. El Estado francés ha entendido perfectamente que fue atacado con la legitimidad y la legalidad misma de la doctrina que nos impuso y buscó, a través de su máxima jurisdicción, cortocircuitar los efectos de la Ley de 2001 que permitía con el alcance de los procesos que abría, combatir la teoría racista de la creolización.

De hecho, sobre la base de esta ley y de otros textos que prohíben la apología del crimen de lesa Humanidad, se han interpuesto acciones para condenar a los descendientes de esclavizadores que hacían la apología de la esclavitud dándole valor a la creolización, que es el soporte ideológico de la esclavitud.

De hecho, además de esta Ley de 2001 que reconoce este crimen, tenemos un arsenal de textos incluidos en la llamada ley de prensa que reprime la contestación y la apología del crimen contra la Humanidad. Las asociaciones que luchan contra el racismo emprendieron una primera acción ante el tribunal penal contra un descendiente de esclavizadores que se había permitido hacer la apología de este crimen contra la Humanidad en las ondas de radio.

En lo que al MIR respecta debía presentar dos demandas en 2010 y luego en 2011 contra un descendiente de esclavizadores y su asociación llamada "Todos criollos" por apología de crímenes contra la Humanidad, habiendo elogiado este último la creolización.

Por lo tanto, es a esta doctrina a la que las asociaciones se atacaron primero llevando al Sr. HUGUES DESPOINTES ante un juez penal.

Durante este juicio el Estado francés, a través de su más alto Tribunal de Justicia, el Tribunal Supremo, intentará frenar en seco cualquier juicio iniciado por reparación. A pesar de que en este caso el Tribunal de Apelación de Martinica debía reconocer el delito de apología de crímenes contra la Humanidad, el más alto Tribunal de Justicia francés, el llamado Tribunal Supremo, debía, al término de una sentencia del 5 de febrero de 2013, anular esta decisión y emitir una sentencia destinada a dejar la Ley de 2001 completamente inoperante.

En efecto, el Tribunal Supremo consideró que *"si la Ley del 21 de mayo de 2001 busca reconocer la trata y la esclavitud como un crimen contra la Humanidad, una semejante disposición legislativa que tenga el único propósito de reconocer una infracción de esta naturaleza no puede ser investida con el alcance normativo adjunto a la ley y caracterizar uno de los elementos constitutivos de crimen de apología".*

En esta sentencia, Francia, a través de su máxima jurisdicción, indicó al Afrodescendiente que ninguna acción basada en la Ley Taubira podría tener éxito

En consecuencia, nos hemos encontrado con esta posición eminentemente discriminatoria a lo largo de los procesos que se han iniciado contra las declaraciones apologéticas tanto de los descendientes de esclavizadores como de los magistrados.

De hecho, ante tal violación de nuestro derecho a la dignidad, el MIR decidió presentar una denuncia ante el fiscal público contra los magistrados del Tribunal Supremo que habían emitido semejante veredicto.

Posteriormente, estos magistrados fueron llevados ante el Juzgado de lo Penal de París, pero, por supuesto, fueron absueltos. La jurisdicción penal debía ir más lejos ya que ni siquiera resolvió la apelación del MIR, porque el archivo se perdió entre el Juzgado de lo Penal y el Tribunal de París.

En esta denuncia, el MIR recordaba la naturaleza perfectamente normativa de la ley que había sido objeto de varios decretos, es decir, de texto tomado por el gobierno para la aplicación de la ley.

La denuncia observaba que la ley había modificado artículos, incluido el artículo 48-1 de la Ley de 29 de julio de 1881 sobre la libertad de prensa, insertando después de las palabras: *"por sus estatutos, de"*, las palabras: *"defender la memoria de los esclavos y el honor de sus descendientes".*

Era obvio que la decisión del Tribunal Supremo fue una decisión política destinada a hacer ineficaces todos los procesos presentados ante las jurisdicciones civiles y penales en reparación o contra las declaraciones de los descendientes de esclavizadores y sus partidarios.

En un principio los tribunales penales debían sentirse afianzados por la jurisprudencia del 5 de febrero para rechazar todas las acciones presentadas sobre la base de la Ley Taubira por apología del crimen contra la Humanidad.

Así, en otra denuncia presentada por el MIR ante el juez de instrucción de Fort-de-France por apología de crímenes contra la Humanidad contra un descendiente de esclavizadores que había valorizado el sistema criollo, el juez se basó en esta decisión del Tribunal Supremo del 5 de febrero de 2013 para no procesar a este último ante el tribunal.

Bajo la apelación del MIR, el Tribunal de Apelación confirmó esta decisión emitiendo una decisión muy racista al referirse a las razas e incluso a las "cepas" humanas.

El MIR tuvo que demandar a todos estos magistrados ante los tribunales penales, estimando que hacían, a su vez, la apología de crímenes contra la Humanidad y deshonraban todos los textos franceses que se han hecho contra la discriminación, basándose en su concepción criolla y, por consiguiente, racista del mundo ya que tenían una visión plural de la Humanidad según la cual hay varias naturalezas humanas lo que les llevaba a negar que la dignidad de las víctimas de la esclavitud de los Negros fuera igual a la de las víctimas de la Segunda Guerra Mundial.

Por supuesto, nuestras acciones no tuvieron éxito, pero tuvieron un impacto modesto ya que la segunda denuncia presentada contra el mismo descendiente de esclavizadores no tuvo el mismo trato; el juez a cargo de la instrucción decidió transmitirla al tribunal correccional.

Lo importante es que debido a estos diferentes procesos, ya ningún juez de lo penal en Martinica se basa en esta sentencia del 5 de febrero de 2013 para negarse a enjuiciar por apología del crimen contra la Humanidad cuando demandamos sobre la base de la Ley de 2001.

En última instancia, fue solo el tribunal civil el que, en su sentencia del 4 de abril de 2017, tuvo que decidir aplicar esta jurisprudencia con motivo del segundo proceso de reparación.

Sin embargo, se hace evidente que todas las acciones judiciales del MIR pueden hacer que los Afrodescendientes sean conscientes del no reconocimiento por parte del Estado francés de su derecho fundamental a la dignidad, ya que al negarse obstinadamente a reconocer su derecho a reparación, este Estado no duda en ponerse fuera de la ley con respecto a su propia legislación.

Esta toma de conciencia nos permitirá comprender que ahora depende de nosotros fomentar una solidaridad real entre todos los Afrodescendientes para crear un frente común y poderoso que rompa los lazos de dominación.

A 22 de febrero de 2020

Por un tribunal internacional por la reparación : el TIPR

Por Alain Manville

Abogado y miembro del MIR

"El problema del siglo XX es el problema de la línea divisoria de los colores". Esta es la intuición fundamental de Du Bois.

El problema del siglo XXI será el de la reparación.

Susan SONTAG tuvo la lucidez y el coraje de contar la esencia histórica de nuestro tiempo. Con estas palabras de una verdad violenta pero despiadadamente verdadera: "La raza blanca es el cáncer de la historia humana".

Estas palabras que dicen una verdad que pocos quieren enfrentar, se aplican a Europa, la Europa de la que ella también escribía "que fue la responsable de las mayores catástrofes de la Humanidad"

Esta cualidad mortífera de Europa está enraizada en su incapacidad ontológica para ver al otro como un mismo, un sí mismo, lo que la lleva a reducirlo al elemento de una naturaleza salvaje, un campo infinito de expansión de su voluntad de potencia.

La globalización o, más precisamente, la voluntad de

globalización que trae el Occidente y su ideología dominante son el producto de esta incapacidad para pensar el otro, para escapar de la lógica de un pensamiento unidimensional y totalitario donde todo reconduce a una sola universalidad, punto que es solo una pura ilusión óptica, basada en el olvido de la multiplicidad de las perspectivas, reino del pensamiento único, pero también de la dictadura del uno, el definido por el Occidente de manera exclusiva y sin compartir.

Con este comienzo del siglo XXI las cosas han dado un vuelco, un cambio radical que ya se anunciaba desde la caída del Muro de Berlín, el fin de las ideologías marxistas, el surgimiento de nuevos polos económicos en el mundo, China, India, Brasil y, muy por detrás, un África palpitante, pero paralizada por las viejas potencias coloniales, en primer lugar, Francia con la continuación acentuada de la Françafrica[1].

Declive de la civilización occidental, cambio de las líneas de fuerza, reordenamiento de los equilibrios, emergencia de nuevos contextos, modificación de la configuración del mundo y callejón sin salida de los sistemas políticos y sociales establecidos por el Occidente, cuyo precio paga Europa de una ma-nera cada vez más aguda.

---

[1] (Nota del traductor) La Françafrica es "un sistema de redes estado-mafiosas ocultas con el que Francia sigue manteniendo su dominio sobre los países descolonizados en Ádrica, oficialmente desde hace más de 50 años, a través de una nebulosa de actores económicos, políticos y militares, en Francia y África, y polarizada en el saqueo y la incautación de dos rentas : las materias primas y la Ayuda Oficial para el Desarrollo.

Es en este contexto, modificado desde hace más de 30 años, que una reivindicación ha surgido con fuerza, hasta ahora sofocada por el ruido del mundo, un mundo centrado en cuestiones de independencia, en las relaciones Norte / Sur, en la gestión global de crisis económicas, en el narcisismo de los estados nacionales y sus estrechos egoísmos, o sea, la reivindicación de la reparación: la reparación por parte del Occidente de todos los crímenes que están en la base de su éxito histórico, de su toma de la dominación del mundo y de su pretensión de ser la culminación de una historia de la que realizaría su terminación final, fijando a la Humanidad la edad de oro de su sistema de sentido y de valores.

A la vanguardia de este movimiento de balancín, el movimiento por la reparación de los crímenes de la trata y de la esclavitud.

La reparación de las víctimas y derechohabientes de los dos crímenes de la trata y la esclavitud, lo que a priori es obvio, sigue siendo objeto de una contestación hoy en día que se asienta en posiciones que nunca han sido cuestionadas.

Una gran parte de los juristas y la opinión pública creen que la cuestión de la reparación es un problema falso y, en cualquier caso, es parte de una ideología de disidencia con los valores comunes de la república y pone peligrosamente en entredicho la convivencia.

Sacar a la luz la cuestión de la reparación material de los dos crímenes resultaría de un régimen victimista de la memoria atrapado en una ideología anti republicana.

Como señala Johann Michel, la ideología oficial encierra, efectivamente, la cuestión del reconocimiento de los dos crímenes en un discurso de la conmemoración basado en la idea de un carácter irreparable del crimen, al menos para las víctimas del crimen, ya que los esclavizadores fueron, por su lado, reparados.

«A pesar de los matices que no se pueden considerar aquí, debe reconocerse que las conmemoraciones oficiales, de un extremo al otro del espectro político, honran sobre todo la grandeza de la República Abolicionista y la personalidad de Victor Schœlcher ... Poco se dirá sobre los Libertadores Negros, el cimarronaje o las víctimas de la esclavitud colonial en gran parte desterrados de las celebraciones oficiales. El reconocimiento de la esclavitud como crimen de lesa Humanidad y la cuestión de posibles reparaciones morales o financieras no son parte del "marco de las políticas de la memoria" en este año 1998, la característica principal del régimen de la memoria abolicionista republicano es celebrar antes que nada el trabajo de la República en el proceso de la abolición.» "Esclavage et réparations Construction d'un problème public" (Esclavitud y reparaciones. Construcción de un problema público (1998-2001) Johann Michel, En Politique Africaine (Política Africana) 2017/2 (n ° 146), páginas 143 a 164

En el campo jurídico, la tesis es que la problemática de la reparación como una cuestión de derecho es un contrasentido y se enfrenta a un doble obstáculo; el de querer ignorar que no podemos reparar lo irreparable y el hecho de que la cuestión es de orden político y moral y no de derecho.

El libro de G Garapon, "Peut-on réparer l'histoire" (¿Podemos reparar la historia). Ed Odile Jacob es el analogon de esta concepción de las cosas que, llevada al extremo, conduce a un negacionismo no solo del derecho de reparación de las víctimas, sino también, en última instancia, a un negacionismo de la esencia criminal del crimen contra la Humanidad que han sido la trata y la esclavitud.

Sin embargo, esta negación de la naturaleza jurídica de la cuestión del derecho a la reparación, que se ha convertido en la vulgata de los ideólogos de la república, ha sido desmentida después de más de 14 años de una larga batalla judicial en la que el Estado francés fue llevado ante jueces franceses con el fin de que se le ordenase reparar, reparar en nombre de su deber de memoria y reparar en términos materiales y financieros.

Después de que los jueces opusieran una serie de medios, cuyo propósito principal era demostrar que no podía haber una vía judicial razonable para obtener la reparación jurídica por las consecuencias perjudiciales de los dos crímenes (invocando en particular y principalmente la prescripción de la acción y la falta de alcance normativo de la Ley Taubira, ley que en cualquier caso excluye el principio de reparación por los dos crímenes), el Tribunal de Apelación de Fort-de-France emitió un fallo que, aunque desestimaba las denuncias de los demandantes, reconoció la existencia de este derecho a reparación, así como la existencia de esta vía del juez judicial, supuestamente proscrita para obtener el reconocimiento de este derecho contra el Estado.

El tribunal desestimó a los demandantes alegando que, aunque se había suspendido el plazo de prescripción, estos últimos habían actuado tarde.

Esta decisión fue validada por el Tribunal Supremo, que volvió a tomar los motivos, erigiendo una jurisprudencia, cuya importancia jurídica decisiva es que existe el derecho a que se reparen los dos crímenes, que la acción cuyo objetivo es esta reparación ve suspendida el período de prescripción para este derecho y que, en última instancia, tan pronto como se informe de la prueba de que la suspensión del período de prescripción continuó más allá de 1948, los demandantes serán no solo admisibles, sino bien fundamentados en su pretensión.

En un considerando inesperado, el Tribunal Supremo estimó y juzgó lo siguiente:

"Y considerando que después de haber declarado que la Ley del 21 de mayo de 2001 no había atenuado estos principios y que la acción fundada en el artículo 1382, ahora el 1240, del Código Civil, de naturaleza a inculpar la responsabilidad del Estado, independientemente de cualquier calificación penal de los hechos, estaba sujeta tanto a la prescripción del antiguo artículo 2262 del mismo Código como al vencimiento de obligaciones contra el Estado prevista en el artículo 9 de la Ley de 29 Enero de 1831, convertido en el artículo 1 de la Ley del 31 de diciembre de 1968, el Tribunal de Apelación ha decidido exactamente que esta acción, en la medida en que se relacionaba con hechos que habían terminado en 1848 y a pesar de la suspensión de la prescripción hasta el día en que las víctimas, o sus derechohabientes, pudieron actuar, estaba prescrita en ausencia de la demostración de un impedimento que habría durado más de cien años; De donde se deduce que el motivo es infundado; "

El Tribunal Supremo que, desde el origen del proceso presentado en mayo de 2005, se aseguró de que la acción de los demandantes, basada principalmente en la Ley TAUBIRA, fuese privada de su fundamento, juzgando de esta manera en un proceso paralelo, cuyo objetivo era el delito de la apología del crimen de lesa Humanidad, que la Ley TAUBIRA sería una ley de la memoria y, como tal, privada de alcance normativo, plantea con ello un principio de acción para el futuro.

Al validar los medios adoptados por la sentencia del Tribunal de Apelación de Fort-de-France para desestimar la acción de reparación de los demandantes, el Tribunal Supremo ha abierto, sin que se entere y como por el efecto de una última astucia de la razón, el camino hacia nuevos procesos de reparación, fundados en el decreto de abolición de 1848 y en la demostración de que el período de prescripción había continuado suspendido hasta hoy, excluyendo cualquier principio de prescripción del derecho a reparación por los dos crímenes.

Por lo tanto, en un plazo más o menos corto, un tribunal francés se verá obligado a juzgar admisible y fundada la acción de reparación de los derechohabientes de los dos crímenes, y a condenar al Estado francés a reparar.

No obstante, Francia no fue el único poder europeo a haber sido un estado negrero, y, si su papel dentro de las naciones europeas fue importante, no fue la única en cometer la deportación de Negros y su reducción a la esclavitud.

Inglaterra, Holanda, España, Portugal, Estados Unidos, Suecia, Dinamarca, Bélgica, todos practicaron el comercio triangular y la esclavitud de los Africanos.

El juez francés no es competente para juzgar a estos Estados que deben, al igual que el Estado francés, reparación a las víctimas de los dos crímenes y a sus derechohabientes.

Si, a pesar de la posición adoptada por el Tribunal Supremo, la ley francesa, gracias a la Ley TAUBIRA, permite presentar ante los jueces franceses demandas de reparación, esta no es la situación para la mayoría de las antiguas naciones negreras que siempre se han negado a admitir en su derecho interno semejante reconocimiento legal del carácter de crimen de lesa Humanidad de sus prácticas pasadas de esclavizadores.

De hecho, el reconocimiento legal del carácter de crimen contra la Humanidad de la trata y la esclavitud que realiza la Ley TAUBIRA proporciona el principio para inculpar a la totalidad de estas antiguas potencias negreras.

El derecho lo permite, pero falta el tribunal que permita juzgarlo.

La comunidad internacional al final de la Segunda Guerra Mundial se dio cuenta de la necesidad de que los crímenes contra la Humanidad, los genocidios puedan ser objeto de procedimientos legales contra las personas responsables de estos crímenes;

Las fuerzas aliadas victoriosas de la Alemania nazi instauraron junto a la institución del Tribunal de Nuremberg una serie de tribunales internacionales para juzgar crímenes contra la Humanidad cometidos por el mundo.

El tribunal penal de Ruanda, el de Camboya, el de la ex Yugoslavia ... han sido los instrumentos erigidos por la comunidad internacional para juzgar a los responsables de las masacres de poblaciones que caen bajo la jurisdicción del crimen de la Humanidad o el genocidio.

Está claro que los Estados europeos que iniciaron el establecimiento de estos tribunales ad hoc tuvieron la prudencia durante la conferencia de Durban celebrada en febrero de 2001 de oponerse al voto de una resolución que apuntaba a ver reconocidas en el ámbito del derecho internacional la trata y la esclavitud como un crimen contra la Humanidad y el principio de reparación.

El Sr. Beckles en su libro "La deuda negra de GRAN BRETAÑA" relata la lucha violenta que libraron los países occidentales para que semejante resolución no apareciese en las resoluciones finales de la conferencia y no pudiese servir como base legal para posibles inculpaciones de estos Estados, los cuales participaron, todos, en la comisión de los dos crímenes desde el siglo XV hasta finales del siglo XIX.

Si el obstáculo jurídico ha sido eliminado en Francia y hoy, con la decisión del Tribunal Supremo, la vía de los procesos de reparación está abierta a todos aquellos derechohabientes de las víctimas de los dos crímenes que pueden aportar la prueba de que el impedimento para actuar que continuó hasta abril de 1948, ha continuado hasta hoy, la ausencia de una jurisdicción internacional para juzgar estos dos crímenes cubiertos por la imprescriptibilidad específica de los crímenes contra la Humanidad constituye el obstáculo para inculpar a todas las antiguas potencias negreras y obtener su condena para reparar las consecuencias nocivas de los dos crímenes.

Ante el juez francés y sobre la base del reconocimiento legal de los dos crímenes como crimen de lesa Humanidad votado por el parlamento francés, los derechohabientes de las víctimas habían solicitado dos cosas: una provisión sobre la reparación por venir y un peritaje de las consecuencias perjudiciales de los dos crímenes para fijar el monto de esta compensación.

Tales acciones pueden ser posibles ante un tribunal internacional de reparación.

Por lo tanto, es necesario encontrar Estados africanos listos para establecer dicho tribunal, bajo el modelo de los tribunales internacionales ad hoc que las Naciones Unidas implementa, con la misión de organizar el juicio de los Estados europeos con el fin de reparar las consecuencias perjudiciales de su responsabilidad en la comisión de estos dos crímenes.

Sin embargo, la idea parece toparse con un obstáculo insalvable, el de un acuerdo de la mayoría de las naciones, miembros de la ONU, institución en cuyo seno las antiguas potencias negreras, se otorgaron el privilegio exorbitante de un derecho de veto, índice y signo de su dominio sobre el mundo y de la protección de sus intereses particulares en detrimento de los de la Sociedad de las Naciones.

Este veto es el resultado de una historia que no es ajena a la existencia de los dos crímenes y a la comisión de estos últimos por estas naciones dotadas de ese privilegio.

Detrás de la aparente fachada de una institución democrática en la que todas las naciones estarían representadas por igual, se mantiene una herramienta para el dominio del Occidente sobre las otras naciones.

Esta situación es el resultado de una relación de fuerza establecida históricamente y que refleja la ideología racista de la superioridad del hombre blanco arraigada desde el siglo XV en la conciencia europea y que ha sido uno de los principales vectores de la trata y de la esclavitud

El Occidente se erigió en ese momento como la expresión de la civilización superior formada por pueblos con vocación de dominar el mundo y convertirlo en el campo de su explotación.

G Mairet lo recuerda en su libro "La fábula del mundo":

"La moral de los estados modernos comienza y se consolida con el proyecto de los europeos de utilizar su dominio sobre la extensión salvaje del orbe y hacer de la extensión así

descubierta y de las poblaciones que viven allí, el territorio de su soberanía. Al hacerlo, transfiguran el orbe en el mundo y fundan la moralidad de los tiempos modernos. Lo que llamamos civilización es este proceso de civilización de la extensión, el paso de la Wilderness al mundo, la transformación del salvaje en civilizado, de la horda en pueblo. La Wilderness, área salvaje y desierta no está exenta de habitantes; por el contrario está habitada, pero para los conquistadores, los pueblos que viven allí son parte de la Wilderness, son solo una modalidad de la res extensa. La filosofía de los modernos al describir su condición como la de la vida en el estado de naturaleza produce el concepto de aborigen considerado desde el punto de vista de la Europa civilizada", p 131 edición NRF ensayos.

Esta representación del mundo es inseparable del advenimiento de la deportación masiva de negros y su reducción a la esclavitud; se basa en una idea delirante de la supremacía del hombre blanco, una idea que de ninguna manera fue abolida con las aboliciones de la esclavitud, pero que se ha mantenido en el corazón del pensamiento del Occidente y del conjunto de las instituciones a través del colonialismo y la elaboración de la idea kantiana de la Sociedad de las Naciones a nivel político, cuya primera manifestación política fue el establecimiento de la "Liga de las Naciones" al terminar la catástrofe de la Primera Guerra Mundial.

Max Hubert en su libro "El buen samaritano" (París la Baconnière 1943, P 43) pudo notar:

"Hay que entender esta concepción de la civilización típica del espíritu humanitario en un todo más amplio. Esta concepción atraviesa toda la modernidad occidental, con una fuerte dosis de etnocentrismo. Los autores de la Ilustración contribuyeron notablemente a su expresión. Desde esta perspectiva, también podemos considerar que los pensamientos reaccionarios consecutivos a la Revolución Francesa son parte de un fondo de ideas comunes a las teorías socialistas que se desarrollan en paralelo. De hecho, ambas están atravesadas por la certeza de una superioridad de Europa sobre el resto del mundo, desde el punto de vista de la civilización, pero también de la raza. A principios del siglo XIX, Saint-Simon imaginó una confederación europea a la que asignó propósitos bastante significativos: "La forma más segura de mantener la paz en la confederación será llevarla constantemente fuera de sí misma, y ocuparla implacablemente con grandes obras interiores. Poblar el globo de la raza europea, que es superior a todas las demás razas de hombres, para que sea transitable y habitable como Europa... "

Esta problemática de la superioridad del hombre blanco puede leerse directamente en la constitución jurídica de este nuevo orden buscado por las principales potencias occidentales de la época, Francia, Inglaterra y los Estados Unidos..

Esta representación de la superioridad del hombre blanco exuda incluso de los textos de derecho internacional que promueven el concepto de "Liga de las Naciones", que se supone que reconoce la igualdad de todos los humanos y su

65

derecho compartido a la protección de la comunidad de estas naciones reunidas garantes del respeto debido a los derechos humanos que erige como principio supremo.

El Artículo 22 del Pacto de la Liga de las Naciones que determina los términos de los mandatos de la organización lo establece claramente:

*"Los siguientes principios se aplican a las colonias y territorios que, como resultado de la guerra, han dejado de estar bajo la soberanía de los Estados que los gobernaron anteriormente y que están **habitados por pueblos que aún no son capaces de dirigirse a sí mismos en las condiciones particularmente difíciles del mundo moderno.** El bienestar y el desarrollo de estos pueblos conforman una misión sagrada de la civilización, y las garantías para el cumplimiento de esta misión deben incorporarse a este Pacto. La mejor manera de realizar prácticamente este principio es **confiar la tutela de estos pueblos a las naciones desarrolladas que, por sus recursos, experiencia o ubicación geográfica, están en mejores condiciones para asumir esta responsabilidad** y que consienten a aceptarla: ejercerían esta tutela como Mandatarios y en nombre de la Sociedad. "*

Este proceso de dominación ha llegado a su fin y, como recuerda Michel Onfray, hemos entrado en la fase de decadencia y crepúsculo de la dominación del mundo blanco sobre los otros pueblos no blancos; la cara del mundo está cambiando.

En este cambio fundamental donde todos los puntos de referencia se van a modificar, donde las viejas evidencias colapsarán, donde las certezas que han mantenido al mundo en pie (y tumbado para la otra parte) durante 5 siglos se están desmoronando y donde nuevos contextos espirituales toman forma, heredando los logros de la racionalidad occidental, pero negándose a someterse de ahora en adelante a la dictadura de sus prejuicios, se forja un nuevo orden mundial.

Cabe señalar que la fuerza de influencia de Occidente todavía era poderosa en el momento de la conferencia de Durban de 2001, donde los jefes de estado africanos hicieron una alianza impensable con los países occidentales para oponerse a que la cuestión de la reparación sea una de las cuestiones que exijan que los conferenciantes tomen decisiones.

Como recuerda Hilary Beckles, los europeos, siguiendo a los estadounidenses, maniobraron para que la cuestión de la reparación fuera eliminada de las cuestiones que conducían a una resolución.

Las fuerzas y las relaciones de poder a nivel internacional se están reorganizando irremediablemente y surgen nuevas potencias que terminarán por hacer estallar el sistema de esta dominación de más de cinco siglos del mundo blanco.

En este contexto, la cuestión de la reparación de los crímenes cometidos por el Occidente y de la feroz explotación que este último impuso a todo el mundo, finalmente liberada de la poderosa censura a la que la han sometido las potencias occidentales desde hace casi medio siglo, va a surgir como una cuestión histórica.

África, que fue la principal víctima de esta voluntad de dominación y negación del otro que condujo al genocidio de varios pueblos (en América del Sur los pueblos azteca e inca, en América del Norte los indios de las Primeras Naciones) es el testigo de esta inflexión de la supremacía blanca de la que Sudáfrica fue el último modelo declarado de este régimen de opresión total del otro que las potencias europeas continuaron practicando en nombre de su orden mundial y de los llamados valores democráticos.

La cuestión de la reparación será la cuestión principal del siglo XXI y, en primer lugar, los crímenes de la trata y la esclavitud.

En este contexto de declive y debilitamiento de la dictadura que los occidentales han impuesto al mundo durante 5 siglos, es posible plantear finalmente la cuestión de la reparación de estos dos crímenes mayores contra la Humanidad que fueron el resorte de la globalización del mundo

El proyecto para establecer un tribunal penal internacional de la reparación y su promoción por uno o más estados africanos lo suficientemente valientes como para correr el riesgo de la oposición violenta de las antiguas potencias negreras está, por lo tanto, en la orden del día del calendario de la ONU y la instauración de semejante tribunal es un hecho ineludible por venir.

Será el iniciador de un proceso donde todos los pueblos y naciones que han sido víctimas de los actos depredadores del

Occidente podrán reclamar la reparación a todos estos Estados que han construido el buen vivir de una parte del mundo con la miseria absoluta del otro.

Ahora está comprobado que la cuestión de la reparación de los dos crímenes de la trata y la esclavitud es, de hecho, una cuestión jurídica fundada en el sistema de derecho internacional y que cumple con los requisitos de justicia de los diferentes sistemas de derechos de las viejas potencias negreras.

Cuando África recobre la mayoría que las potencias occidentales le robaron y se afirme como un mundo que reivindica su autonomía y la libre disposición de sí mismo, entonces el tribunal de reparación hará su trabajo y finalmente se hará justicia a estos millones de hombres, mujeres y niños que fueron destrozados por el impulso de muerte que animó y continúa animando a estas potencias mortales y su voluntad de poder delirante.

La trata negrera europea, las resistencias Africanas y la cuestión de las reparaciones: hacia una evaluación objetiva de los daños sufridos por las víctimas del Holocausto Negro y sus descendientes

Por Prof Coovi Rekhmiré

Egiptólogo, filósofo e historiador
Especialista de la Trata Negrera europea

A mi decano Garcin Malsa, el "Justiciero de la Maât" que nos abrió el camino para rehabilitar la memoria de los Deportados del Holocausto Negro.

Cita destacada en "EL NEGRO FUNDAMENTAL" Aimé Césaire.
"Imaginemos Auschwitz y Dachau, Ravensbruck y Mauthausen, pero todo ello a escala inmensa -la de los siglos, la de los continentes- América transformada en un "universo de campos de concentración", el pijama a rayas impuesto a toda una raza, la palabra dada soberanamente al "kapo" y al "schlag", un lamento lúgubre surcando el Atlántico, montones de cadáveres a cada parada en el desierto o en la selva, y los pequeños burgueses de España, de Inglaterra, de Francia, de Holanda, inocentes Himmler del sistema, acumulando con ello un botín repugnante, el capital criminal que hará de ellos capitanes de la industria. Imaginemos todo esto, y todo los escupitajos de la historia y todas las humillaciones y todo los

sadismos, y que los sumemos y los multipliquemos y comprenderemos que la Alemania nazi no hizo más que aplicar a Europa en pequeña medida lo que Europa occidental había aplicado durante siglos a las razas que tuvieron la audacia o la torpeza de encontrarse en su camino. Lo admirable es que el negro resistió. Muchos murieron. Los otros aguantaron. ¿Cómo? Con la bondad negra que hace que uno fortalezca al otro. Con la imaginación negra que siempre les presentaba la libertad al alcance de la mano. Con el amor a la vida y el humor negro que les hizo superiores a su condición y siempre jueces de sus amos. El hecho es que no se hundieron en la decadencia completa, que nunca perdieron la esperanza, que nunca renunciaron a su dignidad y que día tras día, durante dos siglos, conspiraron, aparentemente resignados, nunca dominados " .

cf. Aimé CÉSAIRE "Prefacio" a "ESCLAVITUD Y COLONIZACIÓN" por Victor SCHŒLCHER, página 18.

De todos los crímenes perpetrados por seres humanos contra otros seres humanos, desde que el mundo es mundo, la TRATA NEGRERA EUROPEA (episodio trágico del HOLOCAUSTO NEGRO) fue sin duda el más abominable, el más incalificable, el más abyecto y el más repugnante. Las naciones europeas (España, Portugal, Inglaterra, Francia, Holanda, etc.) que han participado activamente en esta EMPRESA GENOCIDA y que han sacado de ella durante cinco siglos colosales y miríficos beneficios que hicieron posible su INDUSTRIALIZACIÓN ACELERADA, se esfuerzan ante nuestros ojos por reescribir la historia de esta epopeya criminal multisecular tratando de hacer de sus víctimas sus propios verdugos. Hoy por hoy, el trabajo de Philip D. CURTIN "THE ATLANTIC SLAVE TRADE : À CENSUS" constituye el breviario de esta pseudociencia negacionista en lo más cínico que tiene.

Conviene añadir a esta vulgata un texto del mismo autor titulado: "THE RISE AND FALL OF THE PLANTATION COMPLEX : ESSAYS IN ATLANTIC HISTORY". En Francia, Olivier PETRE GRENOUILLEAU fue noticia al proponer una "síntesis histórica" confusionista que, después de todo, es solo una vulgar y pésima copia de las obras mencionadas de Philip CURTIN bajo el pomposo título: "LAS TRATAS NEGRERAS: ENSAYO DE HISTORIA GLOBAL". Fue suficiente para revivir en la auto-proclamada "PATRIA DE LOS DERECHOS HUMANOS" un NEGACIONISMO EXCESIVO mantenido desde el "SIGLO DE LAS LUCES" (preferiríamos decir el "SIGLO DE LAS TINIEBLAS") por un "LOBBY ANTI-NEGRO "militante cuyo objetivo siempre ha sido negar no solo la magnitud del crimen inexpiable, sino también insinuar que se trataba de un "NEGOCIO LUCRATIVO Y DE CONSENTIMIENTO LIBRE QUE BENEFICIÓ IGUALMENTE A LOS EUROPEOS COMO A LOS AFRICANOS "(cf. MANUAL DE HISTORIA DE LA CLASE DE 6º EDITADA POR NATHAN EN 1996 Y TODAVÍA EN EL PROGRAMA EN GUYANA EN 2016). El trabajo de Olivier PETRE GRENOUILLEAU recibió, como era de esperar, el apoyo implícito de investigadores africanos bajo tutela "africanista" como Elikia M'BOKOLO, Issiaka MANDE, Ibrahima THIOUB, Pape N'DIAYE a los que debemos agregar la descendiente de los colonos de Reunión, excesivamente divulgada en los medios de comunicación, Françoise VERGES, que fue promovida hace unos años Presidente del "COMITÉ PARA LA MEMORIA DE LA ESCLAVITUD" con el "ordeno y mando". Incluso el presidente de la República francesa, François HOLLANDE, quien recientemente había opuesto públicamente una negativa rotunda a la solicitud de REPARACIONES hecha por primera vez a nuestro conocimiento por un prominente descendiente de africanos deportados como Garcin MALSA del "MOVIMIENTO INTERNACIONAL POR LAS REPARACIONES" (MIR), consideró necesario, para justificar su cobardía, truncar una cita de Aimé CÉSAIRE, aún así muy explícita. En la prolongación de este abuso de poder conviene apuntar las dos últimas iniciativas repugnantes tomadas hace un año por las autoridades francesas que decidieron, antes y durante su ritual "CEREMONIA CARNAVALESCA" del martes 10 de mayo de 2016 en el JARDÍN DE LUXEMBURGO, profanar, usando a sus "NEGROS DOMÉSTICOS", la MEMORIA GLORIOSA E IMPERECEDERA de nuestros Ancestros Africanos deportados durante cinco siglos al "NUEVO MUNDO" por los ESTADOS EUROPEOS con el apoyo y la unción de la IGLESIA CATÓLICA, APOSTÓLICA Y ROMANA.

1- En una "LECCIÓN INAUGURAL" pronunciada desde lo alto de su "CÁTEDRA DE CREACIÓN ARTÍSTICA" el 17 de marzo de 2016 a las 18H00   bajo el título intrigante "LETRAS NEGRAS: DE LAS TINIEBLAS A LA LUZ", Alain MABANCKOU "novelista" burlesco corroído por el "DELIRIO DE POLIVALENCIA" abundó en propósitos nauseabundos sobre la "TRATA NEGRERA TRANSATLÁNTICA" sin obviamente haberse tomado la molestia de consultar el más mínimo archivo sobre el tema.

Después de insinuar que su comunicación apuntaba sobre todo a promover la "LITERATURA FRANCÓFONA AFRICANA" (sic), extendió sus escrúpulos de acomplejado y sus despechos amorosos con sus "Amos" al mismo tiempo que demostraba su auto-flagelación, ejercicio en el que sobresale mejor que nadie. Todo el programa de RECOLONIZACIÓN DEL IMAGINARIO DE LOS NEGROS FRANCÓFILOS, declinado en todas sus tonalidades por Alain MABANCKOU, ya estaba resumido en el "MANIFIESTO PARA UNA LITERATURA-MUNDO EN FRANCÉS" del cual fue uno de los cuarenta y cuatro signatarios. Con respecto a su "ATRACCIÓN PRECOZ" por el idioma de Molière del que el fallecido académico Léopold Sédar SENGHOR en persona no habría renegado, Alain MABANCKOU escribe: "A la edad de 6 años, descubrí las "palabras" en francés"... De no haber sido por la prueba aportada en su "LECCIÓN INAUGURAL" demasiado aderezada, para mi gusto, de CANTINELA NEGACIONISTA AMBIENTE, la prosa ecléctica y errática de Alain MABANCKOU difícilmente merecería una mención en el marco que es el nuestro .

2- En un extraño "COMUNICADO DE PRENSA" publicado el lunes 25 de abril de 2016 y titulado acertadamente: "¡POR UNA MEMORIA DE LA ESCLAVITUD COLONIAL QUE REÚNA A LOS FRANCESES!", Serge ROMANA en nombre del "COMITÉ MARCHA DEL 23 DE MAYO DE 1998 (CM98)" trabajando en colaboración con Marie-Claire FAIVRE, Vicepresidenta de "LA RUTA DE LAS ABOLICIONES DE LA ESCLAVITUD Y LOS DERECHOS HUMANOS" afirma querer inscribir la CONMEMORACIÓN OFICIAL bajo el signo de la "MEMORIA COMPARTIDA Y PACIFICADA" entre los descendientes de las víctimas y los de sus verdugos.

Se supone que esta ACCIÓN DE LA MEMORIA CONCERTADA , de acuerdo con la "HOJA DE RUTA" de los dos implorantes, se desarrollará en tres fases principales :

I - "Vamos a rendir juntos homenaje a los abolicionistas franceses colocando una corona de flores en la tumba de Victor SCHŒLCHER, un combatiente feroz por la abolición definitiva de la esclavitud en 1848, en el Panteón, a las 10 a.m. del 27 de abril de 2016, día del 168 aniversario de la firma del decreto de abolición de la esclavitud colonial en las colonias francesas.

II- Estaremos presentes juntos en las manifestaciones nacionales del 10 de mayo de 2016 por un lado en el emplazamiento del "Bosque Memoria" en Chamblanc, en la "Casa de la Negritud" en Champagney, en el "Museo Abad Gregorio" en Emberménil, en el "Museo Victor Schœlcher" en Fessenheim y en el "Fuerte de Joux-Toussaint Louverture" en "Pontarlier", así como en la ceremonia nacional que tiene lugar en el Jardín de Luxemburgo en París.

III- Finalmente, conmemoramos juntos el 23 de mayo de 2016 a las víctimas de la esclavitud colonial en las ceremonias republicanas departamentales en Saint-Denis, Sarcelles,

Grigny y Creil, en ceremonias religiosas en la Basílica de Saint-Denis y de Créteil y en la ceremonia nacional Limyè ba Yo - Reconocimiento - Reconciliación que tendrá lugar, debido al estado de urgencia, en los jardines del ministerio de los departamentos y colectividades de Ultramar ".

De todo lo anterior, se desprende que las autoridades francesas, firmemente resueltas a imponer su nuevo hallazgo conceptual que es la "MEMORIA COMPARTIDA Y PACIFICADA" a los descendientes de las víctimas africanas de un "CRIMEN CONTRA LA Humanidad" que por cierto afirman no querer reparar nunca, han requisado sus "NEGROS COLABORADORES" Alain MABANCKOU en su cátedra del "COLEGIO DE FRANCIA" y Serge ROMANA en sus "JARDINES DEL MINISTERIO DE ULTRAMAR" - como lo requiere el "estado de urgencia" - para realizar el crimen de la auto-profanación de la memoria de nuestros Ancestros Africanos deportados durante cinco siglos por las naciones europeas, incluida la misma Francia negacionista, negrofóba y arrogante con la que dicen que quieren abrazarse bajo el doble sello del RECONOCIMIENTO y de la RECONCILIACIÓN. Convencidos por nuestra parte de que solo la VERDAD HISTÓRICA y la JUSTICIA JUSTA son los requisitos previos ineludibles de cualquier eventual acercamiento entre pueblos opuestos por un LITIGIO HISTÓRICO tan fuerte, desarrollaremos durante nuestra CONFERENCIA CONMEMORATIVA el domingo 8 de mayo de 2016 los dos "PUNTOS DUROS" siguientes:

A- La "TRATA NEGRERA EUROPEA" que comenzó en 1444 (siglo XV), es decir, mucho antes de la conquista violenta y la destrucción de los "autóctonos" del continente bautizado pérfidamente "AMÉRICA" y que duró hasta 1890 (Siglo XIX) fue de hecho una sucesión de "RAZIAS NEGRERAS" que transformaron el Continente Africano en un inmenso "TERRITORIO DE CAZA DE MONTERÍA" para los traficantes europeos de carne humana. Para lograr sus fines mercantiles, estas hordas codiciosas y corruptas no dudaron en torturar, mutilar, violar, saquear, contaminar, envilecer todo lo que se parecía a un ser humano de piel Negra. Usaron y abusaron de las armas de fuego y las sofisticadas técnicas de degradación psicológica que figuran en la nomenclatura de Willy LYNCH. En su famoso "TRATADO DEL NEGOCIANTE PERFECTO", que rara vez se menciona hoy, SAVARY recuerda ad nauseum los "PROCEDIMIENTOS REFINADOS DE DESTRUCCIÓN FÍSICA Y PSÍQUICA DE LOS NEGROS", que constituían la sustancia misma de los "CUADERNOS DE BITÁCORA DE LOS NEGREROS" cuidadosamente disimulados en las reservas de las Bibliotecas Especializadas. Este "CRIMEN APOCALÍPTICO" por usar la expresión de DUNBAR ha arrancado al menos 200 millones de seres humanos válidos de África, y no 15 millones como lo pretendían hasta hace poco Philip CURTIN y sus colegas. Para restablecer por fin la VERDAD HISTÓRICA en este preciso punto y en tantos otros, el gran historiador nigeriano Joseph INIKORI, sin duda el especialista contemporáneo más eminente de la "TRATA NEGRERA TRANSATLÁNTICA", y sus colaboradores, han destruido totalmente los andamiajes ideológicos del NEGACIONISMO ACADÉMICO del Occidente en la monumental obra titulada: "THE ATLANTIC SLAVE TRADE : EFFECTS ON ECONOMIES, SOCIETIES AND PEOPLES IN AFRICA, THE AMERICAS AND EUROPE". En otra publicación no menos magistral, mostró el ENLACE DIALÉCTICO incontestable que existe entre el auge industrial irresistible de Inglaterra y su condición de "Potencia esclavista". Consiguió dilucidar de rebote el empobrecimiento correlativo de los Reinos e Imperios Africanos diezmados demográficamente y saqueados económicamente por la TRATA DE NEGROS. Este fue el caso en particular de la Confederación Ashanti en Ghana y el Reino Edo de Benin en Nigeria. Además de sus obras, que son totalmente desconocidas en Francia, donde es habitual discutir sobre las "ficciones a lo Hollywood" de PETRE GRENOUILLEAU, podemos mencionar el trabajo esencial de Eric WILLIAMS "CAPITALISM AND SLAVERY" que sigue siendo sorprendentemente de una candente actualidad. Finalmente, mencionemos, a título indicativo, el clásico ensayo del brillante Walter Rodney "HOW EUROPE UNDERDEVELOPED AFRICA" sin olvidar su famoso artículo: "AFRICAN SLAVERY AND OTHER FORMS OF SOCIAL OPPRESSION ON THE UPPER GUINEA COAST IN THE CONTEXT OF THE ATLANTIC SLAVE TRADE" publicado en 1966 en "JOURNAL OF AFRICAN HISTORY". El objetivo capital de todas estas obras mayores, pero desconocidas en la historiografía africana de la Trata Negrera transatlántica, es la reconstitución sobre bases rigurosamente científicas del "PROCESO GLOBAL DE LA DESTRUCCIÓN DE LAS CIVILIZACIONES AFRICANAS POR LAS NACIONES EUROPEAS

COALIZADAS" como el brillante erudito Chancellor WILLIAMS sugería en su obra maestra "THE DESTRUCTION OF THE BLACK CIVILIZATIONS". Finalmente, es importante volver a trazar, eslabón por eslabón, toda la CADENA DE MANDO de los actores principales de la TRATA NEGRERA EUROPEA y ello de conformidad con la TEORÍA de la "CAUSALIDAD HISTÓRICA" y que es la única que permite situar sin pasión las RESPONSABILIDADES de cada parte en esta terrible tragedia.

B- Los historiadores negacionistas (CURTIN, PETRE GRENOUILLEAU) pasan voluntariamente por alto en sus monografías orientadas las RESISTENCIAS HEROICAS que opusieron los Pueblos Africanos a la TRATA NEGRERA EUROPEA. Por lo general, las sustituyen por las "REVUELTAS ESPORÁDICAS", que a sus ojos serían solo la suma de las reacciones espontáneas de los "esclavos" a los malos tratos infligidos por negociantes diligentes y torpes. Y para colmo de cinismo, algunos NEGACIONISTAS hoy critican descaradamente el trabajo riguroso de Louis SALA MOLINS dedicado al "CÓDIGO NEGRO" de 1685 promulgado por el Ministro COLBERT bajo los auspicios del Rey de Francia LOUIS XIV (cf. Louis SALA MOLINS "EL CÓDIGO NEGRO O EL CALVARIO DE CANAÁN"). Ven de buen grado en este monstruoso texto, "UNA TENTATIVA AUDAZ PARA LA ÉPOCA DE REGULAR Y HUMANIZAR LA "ESCLAVITUD". De esta manera y desde la publicación negacionista incendiaria de Olivier PETRE GRENOUILLEAU, asistimos a una verdadera ofensiva mediática cuyo objetivo es imponer en todas partes y en la mente de todos la idea de que existieron tres "TRATAS NEGRERAS": La "TRATA INTERNA AFRICANA", la "TRATA ÁRABE ORIENTAL" y la "TRATA TRANSATLÁNTICA EUROPEA".

Esta última fue finalmente interrumpida, según los ideólogos negacionistas, gracias a las iniciativas humanitarias de las GRANDES FIGURAS ABOLICIONISTAS EUROPEAS inglesas y francesas en particular. En Francia, las conmemoraciones oficiales enfatizan exclusivamente el supuesto papel del Abad GREGORIO y Victor SCHŒLCHER en la abolición de la esclavitud de los Negros y cuando se menciona la epopeya de TOUSSAINT LOUVERTURE, se explica, ya por la influencia de las ideas "ilustradas" de la "FILOSOFÍA DE LAS LUCES", ya por el impacto de la "REVOLUCIÓN FRANCESA" en las colonias, incluso en Santo Domingo (cf. Pierre PLUCHON "TOUSSAINT LOUVERTURE, HIJO NEGRO DE LA REVOLUCIÓN FRANCESA"). Podemos afirmar, sin arriesgarnos a ser contradecidos, que desde el siglo XV hasta el siglo XIX, África fue escenario de un CONTINUUM INSURRECCIONAL que se prolongó durante tres siglos en las colonias europeas del "NUEVO MUNDO" (América, Caribe). Eran verdaderas RESISTENCIAS ANTI-ESCLAVITUD que se apoyaban sin excepción en una ORGANIZACIÓN cuádruple, espiritual, económica, militar e incluso política.

Nos limitaremos a estudiar

1- La RESISTENCIA ANTI-ESCLAVSTA de "JAGAS en África Central".

81

2- LA RESISTENCIA ANTI-ESCLAVISTA de los "MOUN KAM" del "QUILOMBO DE PALMARÈS" en el Estado de Pernambuco en Brasil.

3- La RESISTENCIA ANTI-ESCLAVISTA de los "MOUN KAM" de Haití.

4- LA RESISTENCIA ANTI-ESCLAVISTA de los "MOUN KAM" del AMISTAD en Cuba, etc.

La conclusión que se puede extraer al final de esta introspección de la memoria es que todas estas RESISTENCIAS fueron inspiradas por ÁFRICA y sus VALORES DE CIVILIZACIÓN.

Ninguna RESISTENCIA ANTI-ESCLAVISTA digna de ese nombre fue organizada, y a fortiori dirigida por "CRIOLLOS", por "ANTILLANOS", por "ULTRAMARINOS" sino exclusivamente por AFRICANOS que nunca negaron su IDENTIDAD CULTURAL, sus VALORES ESPIRITUALES y sus RAÍCES HISTÓRICAS. Es en virtud de esta COMUNIDAD DE ORIGEN, DE VALORES, DE SUFRIMIENTO, DE DESTINO que cinco figuras eminentes de descendientes de deportados africanos, a saber, Anténor FIRMIN (Haití), Bénito SYLVAIN (Haití), Henry SYLVESTER WILLIAMS (Trinidad), Martin DELANY (Estados Unidos de América), Marcus GARVEY (Jamaica) sentaron las bases del movimiento Negro más poderoso de los tiempos contemporáneos: el PANAFRICANISMO DE LOS PUEBLOS. De conformidad con las principales resoluciones del "COLOQUIO DE HAITÍ" dedicado por la UNESCO a la "TRATA NEGRERA

TRANSATLÁNTICA", ha llegado el momento de que los africanos y sus descendientes víctimas del CRIMEN MÁS ABOMINABLE JAMÁS PERPETRADO POR SERES HUMANOS CONTRA OTROS SERES HUMANOS aborden ellos mismos la reescritura de este capítulo doloroso de la Historia de la Humanidad con el fin de permitir que las generaciones futuras admiren y celebren la valentía, la nobleza y la resiliencia de los resistentes, quienes desde las profundidades de las tinieblas reavivaron la llama de la esperanza.

Por lo tanto, después de tantos años de humillaciones e ilusiones es necesario reescribir la VERDADERA HISTORIA DE LA TRATA NEGRERA EUROPEA Y LAS RESISTENCIAS AFRICANAS siguiendo los pasos de las investigaciones pioneras realizadas por Éric WILLIAMS, Walter RODNEY, Joseph INIKORI, etc. haciendo hincapié en el papel crucial desempeñado por las MUJERES ("POTOMITAN") en la supervivencia colectiva del Pueblo Negro desde el siglo XV hasta el siglo XIX. Debemos renunciar a la "CONMEMORACIÓN FACTICIA Y PROFANADORA" del 10 de mayo que da lugar, en un día no festivo, a EXHIBICIONES CARNAVALESCAS en el Jardín de Luxemburgo en presencia del Presidente de la República Francesa y de algunos "NEGROS DOMÉSTICOS" escogidos con esmero. Para nosotros, el 10 de mayo es una FECHA DE PROFANACIÓN que debe dejar de dar lugar a gesticulaciones sin futuro. La única fecha HISTÓRICAMENTE JUSTIFICADA Y LEGÍTIMA es el 22 de agosto, ya que nos remite a la CEREMONIA DE

REGENERACIÓN ESPIRITUAL DE "BWA KAY MOUN", que fue el preludio de la INSURRECCIÓN GENERAL DE LOS "MOUN KAM" bajo la dirección de HOUGAN BOUKMAN DUTTY. Todos los africanos y afrodescendientes deben apropiarse de esta FECHA SAGRADA Y ALTAMENTE SIMBÓLICA que hace eco de las RESISTENCIAS HEROICAS de nuestros valientes y gloriosos Ancestros.

Reseña de *"Britain's Black Debt - Reparations for Caribbean Slavery and Native Genocide"* por Hilary Beckles, una reescritura de la historia para una transformación social restauradora

Por Rodolphe Solbiac

Profesor titular universitario habilitado para dirigir investigaciones - Estudios de habla inglesa en el Caribe
Universidad de las Antillas

Referencias

1 **Hilary Beckles, Britain's Black Debt** : Reparations for Caribbean Slavery and Native Genocide, Kingston, The University of the West Indies Press, 2013, 248p, ISBN: 9789766403492

2 **El Profesor Sir Hilary Beckles** es Historiador, Vicerrector de la Universidad de las Antillas, Presidente del Comité de Reparaciones de la CARICOM, Vicepresidente del Grupo de Trabajo Internacional para el Proyecto de la Ruta de los Esclavos de la UNESCO.

3 **Este texto fue publicado en la Revista de Estudios Caribeños** [en línea], 31-32 | Agosto-diciembre de 2015, publicado en línea el 15 de diciembre de 2015.

URL http://journals.openedition.org/etudescaribeennes/7637

Reseña de lectura

Britain's Black Debt : Reparations for Caribbean Slavery and Native Genocide, **(La deuda negra de Gran Bretaña: reparaciones para la esclavitud en el Caribe y el genocidio de los pueblos autóctonos)** publicado en 2013 por el profesor Hilary Beckles en las ediciones de la Universidad de West Indies, presenta un enfoque de la historia del colonialismo inglés, la trata y la esclavización del Africano desde el punto de vista de los daños que causaron a los Pueblos Africanos y autóctonos del Caribe y los beneficios que Gran Bretaña sacó de ello.

El enfoque singular que Beckles implementa en este trabajo pretende demostrar la naturaleza criminal de la trata y la esclavización del Africano, establecer su naturaleza altamente lucrativa, identificar a sus beneficiarios y demostrar la continuidad existente entre la instauración de este sistema en la época moderna y la situación actual de las sociedades caribeñas. Su objetivo es establecer la legitimidad de la acción de reparación en las sociedades caribeñas, liderada, desde la década de 1990, por organizaciones ciudadanas transnacionales, y que entra en una fase institucional desde principios de la década de 2010 con la implicación de la Universidad de West Indies y de la CARICOM.

Esta obra está organizado en dos partes que comprenden respectivamente once y cuatro capítulos. El primero presenta los principios y prácticas de reparación antes de exponer los elementos históricos que establecen el genocidio de los

Kalinago, así como el carácter criminal de la Trata y de la esclavización del Africano en el Caribe y en América. También desarrolla la idea de un efecto genocida de esta trata para África. La segunda parte está dedicada a la acción de reparación llevada a cabo por los Caribeños y los Africanos.

En su primera parte, Hilary Beckles describe el proceso de construcción de un estatus legal que convierte al africano en un bien mueble, un elemento del patrimonio de una plantación que incluso se puede alquilar para servicios sexuales. Describe cómo el enriquecimiento derivado de la trata y la esclavitud contribuyó económicamente a la construcción de la sociedad británica preindustrial e industrial. Subraya, por ejemplo, los beneficios que la Iglesia de Inglaterra obtuvo de este sistema, así como su contribución moral al establecimiento de la esclavitud como causa de interés nacional. Además de su papel como comprador, su legitimación por el hecho de que los miembros de su clero poseían esclavos y se dedicaban a la trata, Beckles subraya la acción ideológica y racial de la deshumanización del Africano llevada a cabo a gran escala por esta institución religiosa. Describe los daños considerables en la salud mental y la autoestima de los Negros que aún se pueden constatar en todo el mundo post-plantación.

Además de la iglesia, se analiza el papel de la clase política y la aristocracia para demostrar la implicación de todos los sectores de la sociedad inglesa en la organización del crimen contra los Africanos. *Britain's black debt* nos introduce así en el proceso que erige la esclavitud en una cuestión de interés nacional. Los miembros del parlamento, así como las propias instituciones eran propietarios de esclavos, la cultura política inglesa está marcada por la posesión de esclavos. Esta situación tiene el efecto de corromper y enriquecer a los partidos políticos de ambos bandos. Estos elementos proporcionados por Beckles nos permiten entender por qué, ante la idea de que la esclavitud era un crimen nacional que los abolicionistas promovían en el siglo XIX, la clase política inglesa argumentó que la esclavitud era un asunto de interés nacional. Otra contribución importante de esta primera parte reside en la presentación detallada y el análisis de las compensaciones recibidas por los propietarios de esclavos británicos durante la abolición de 1838.

La segunda parte dedicada a la acción por las reparaciones retrata los principales eventos que han marcado estos últimos veinticinco años en esta área con la descripción de las acciones que precedieron a la conferencia de Durban en 2001, pero también las evoluciones de la lucha por las reparaciones después de esta conferencia. Consiste en cuatro capítulos que examinan, respectivamente, los principios de acción judicial para las reparaciones, el comportamiento de las

Naciones Unidas sobre la cuestión de las reparaciones en la conferencia de Durban, la política británica de "sin excusas, sin reparaciones" y finalmente el movimiento por las reparaciones en el Caribe.

El argumento de Hilary Beckles en *Britain's Black Debt* se basa en una bibliografía rica en cantidad y calidad (22 páginas de referencias) agrupando libros, artículos, documentales, informes y otros archivos. Las observaciones del autor están respaldadas por referencias sustanciales presentadas en forma de notas agrupadas por capítulos al final del libro, notas que nos remiten a trabajos de lo más serio. El acceso a las referencias se ve facilitado por la presencia de un índice temático y de nombres de autores. Un cierto número de tablas proporcionan una legibilidad adicional al libro, como la relativa a la mortalidad en las plantaciones del Caribe, o la que presenta las cifras de compensaciones recibidas por los propietarios de esclavos.

Britain's Black Debt describe la feroz oposición angloamericana (214) que el movimiento de reparaciones encontró antes, durante y después de la conferencia de Durban. Beckles informa sobre las represalias europeas contra los jefes de estado que solicitan reparaciones o que promueven el movimiento (216 - 217). Hilary Beckles también expone los argumentos que motivan acciones legales para reparaciones que deberían presentarse contra el estado británico y unas cuantas de sus instituciones nacionales como las cámaras de comercio, bancos, compañías de seguros y la iglesia de Inglaterra.

Britain's Black Debt define el carácter de este requerimiento de reparación como debiendo ser una acción jurídica de gobierno a gobierno en primer lugar. También se dirigiría a las instituciones sociales y financieras que participaron en este sistema de esclavista y que todavía existen en la actualidad (163). Beckles enuncia la lista de los otros estados europeos implicados: España, Portugal, Francia, Países Bajos, Alemania, Rusia, Suecia, Noruega y Dinamarca, presentando los contornos de sus implicaciones. La acusación se basa en el hecho de que estos países se beneficiaron de la venta y la esclavitud de los Africanos. Los Estados deberían responder en primer lugar por su acción como instituciones que han dado, pasado y aplicado leyes que permiten la esclavitud de los Africanos. En segundo lugar, deberían responder de la implementación de incentivos fiscales (165).

Otro eje importante de este libro radica en la presentación de la acción de las organizaciones panafricanas y caribeñas durante la década de 2000 que llevó al movimiento a pasar a la etapa de la acción jurídica contra los beneficiarios de la trata y la esclavitud del Africano después de haber tomado la decisión de establecer una comisión para estudiar acciones legales con el fin de obtener reparación para los descendientes de Africanos. Beckles subraya el papel desempeñado por la Comisión Nacional de Barbados sobre la Ley y el Orden, (National Commission on Law and Order) que fue la primera en solicitar al gobierno de Barbados que incluyera el tema de la reparación entre las acciones a emprender a nivel internacional.

El enfoque de Hilary Beckles en este libro es tanto profesional como personal. Beckles se basa en los trabajos antiguos y recientes de investigadores de diversos campos disciplinarios. Las obras de juristas, filósofos, historiadores y economistas constituyen fuentes secundarias de calidad a las que se recurre para apoyar su discurso. Entre las muchas referencias, vale la pena señalar el lugar acordado al trabajo de historiador de Erick Williams o también al más reciente de Barbara Solow, una economista de la Universidad de Harvard, cuyo obra se titula: *British Capitalism and Caribbean Slavery : The Legacy of Eric Williams* (1987). Cabe destacar también la utilización de los trabajos de Boris Bittker, Richard Dunn, David Eltis, Joseph Inikori. Además, es particularmente importante tener en cuenta que Hilary Beckles situa su acción en el legado de los trabajos realizados por los estudiosos del Caribe CLR James, Walter Rodney, Eric Williams. Gordon Lewis, entre otros, quienes, a través de sus obras han trabajado para la descolonización de conciencias y demostrado la existencia de una cultura caribeña tan viable como singular, restaurando la Humanidad de los antiguos sujetos coloniales.

El discurso de Hilary Beckles también se basa en fuentes primarias recopiladas a largo plazo por este investigador de historia social, uno de los mejores especialistas de la esclavitud en el mundo atlántico. Otras fuentes primarias compuestas de declaraciones hechas al parlamento británico durante el debate sobre el bicentenario de la abolición de la trata por parte de Gran Bretaña llenan el texto de este trabajo que invita al lector a idas y vueltas incesantes entre el período contemporáneo y el de los tiempos modernos o el siglo XIX. Esta característica contribuye a reforzar una idea importante desarrollada en este trabajo, la de la continuidad de las dinámicas y los efectos de la trata y la esclavización del Africano en las colonias británicas del Caribe.

Este libro se basa también en el trabajo de campo de Hilary Beckles, actor del movimiento por las reparaciones en el Caribe y en otros lugares, ya que ejerció funciones de representación de organizaciones e instituciones del Caribe durante varias conferencias importantes sobre la cuestión de las reparaciones. Hilary Beckles ha presidido también el comité científico del proyecto "La Ruta del esclavo" de la UNESCO establecido en 1994.

Britain's Black Debt fue escrita después de la Conferencia Mundial de las Naciones Unidas contra el Racismo, la Discriminación, la Xenofobia y la Intolerancia celebrada en Durban, Sudáfrica, en 2001, para denunciar la resolución final que los países europeos, que implementaron y se beneficiaron de la esclavitud de los Africanos en el Caribe y en América, lograron adoptar a costa de maniobras políticas de las que Beckles denuncia su carácter neocolonial. Beckles expone los retos a los que responde esta resolución que afirma que la esclavitud y la trata no fueron crímenes contra la Humanidad en el momento en que se implementaron, sino "que deberían haberlo sido". Hilary Beckles emprende la refutación de esta posición y argumenta que su adopción tenía la intención de evitar el establecimiento de una base legal que abriese las vías del derecho a los procesos de reparación y el pago de compensaciones a las víctimas o a sus herederos.

Britain's Black Debt se revela como un libro que presenta y desarrolla el discurso sobre las reparaciones del "después de Durban" elaborado por organizaciones ciudadanas transnacionales de la sociedad civil que reclaman a los gobiernos del Caribe que tomen medidas concretas con el fin de hacer avanzar la acción por las reparaciones. Surge de la solicitación a Hilary Beckles por parte de estas diversas organizaciones en el Caribe, en África, en América del Norte y en Europa, que le pidieron que escribiera el texto de un argumentario que permitiría a los Caribeños emprender concretamente una acción para obtener reparaciones. Es por eso que este trabajo constituye un texto que reúne los elementos que permiten el acceso a una visión global de la historia del mundo atlántico y que proporciona la base de un argumentario que permite iniciar una acción judicial en las jurisdicciones internacionales competentes en materia de derecho internacional.

Estas circunstancias en su elaboración le dan un tono estilístico contradiscursivo que traduce una intención política perfectamente asumida por el autor. Beckles explica las tensiones y las relaciones de fuerza en torno a la acción de los Caribeños y los Africanos por las reparaciones con el hecho de que los británicos y ciertas naciones occidentales rechazan el cambio de paradigma hacia el que conduce el movimiento caribeño y panafricano de reparaciones. Cita para esto el comentario hecho por Lord Gifford a propósito de la conferencia de Abuja preparatoria a la de Durban:

> Lo que perturba profundamente a los británicos en el concepto de reparación es que cambia por completo lo que funda el diálogo entre Negros y Blancos, Norte y Sur, Europeos y Africanos. En lugar de solicitudes de ayuda formuladas por

países africanos y entregadas por una Europa amable y caritativa, la Conferencia de Abuja demandó justicia a una Europa que había cometido crímenes (179).

Britain's Black Debt no se conforma con recopilar hechos históricos, sino que invita a cambios en las perspectivas y paradigmas. Constituye un contra-archivo, porque su exploración de la historia del mundo atlántico desde la era moderna, construye una nueva forma de pensar. *Britain's Black Debt* se convierte en un nuevo archivo, un sistema generador que rige la producción, así como la emergencia de aserciones que permiten a los caribeños imaginar el futuro apoyándose en nuevas ideas sobre la historia. Obliga a su lector a aprehender la Historia y concebir el futuro mediante nuevas concepciones, para liquidar el legado negativo de la colonización en todas las costas del Océano Atlántico y para una transformación social que repare todos los protagonistas de la historia de esta región desde los tiempos modernos.

Es esto lo que expresa el extracto siguiente del preámbulo de este libro tan importante:

La reparación de la que hablo constituye la liberación final, el reconocimiento universal de la verdad, dos condiciones necesarias para la redención cultural y racial en la evolución

95

posmoderna del hombre hacia la dignidad y la moral. La demanda de reparaciones es un llamamiento a una curación colectiva para cerrar juntos este capítulo de la historia (xvi).

Esclavitud, reparación, ¿dónde está el anacronismo?

Por Rosa Amelia Plumelle-Uribe

Colombiana, autora de varias obras sobre las tratas, la esclavitud y la dominación colonial

En esta contribución, analizamos la deportación de Africanos al universo concentracionario de América, su reducción a la esclavitud, las Reparaciones jurídicamente vinculadas a este crimen y los argumentos esgrimidos por los adversarios del principio de Reparaciones. Por razones metodológicas, hemos elegido los argumentos hostiles más utilizados, los que son puestos de relieve en la radio, la televisión, los periódicos o incluso en las conversaciones tan pronto como se trata de la cuestión de las Reparaciones. Éstos son algunos de ellos:

Los argumentos esgrimidos por los adversarios del principio de Reparaciones

Primer argumento: Cuando los europeos llegaron a África, la trata de esclavos existía desde hacía mucho tiempo porque la esclavitud era una práctica antigua en el continente.

Segundo argumento: Si los Negros quieren reparaciones, primero tendrán que dirigirse a los musulmanes árabes, porque son los primeros que comenzaron a practicar la trata de esclavos africanos.

Tercer argumento: Los comerciantes europeos compraron principalmente los esclavos que los mismos africanos vendían localmente, actuando como intermediarios entre los negreros Africanos y los plantadores europeos en América.

Cuarto argumento: En la época en que sucedieron, estas atrocidades no eran un crimen, por lo que no se pueden interpretar y juzgar hechos de hace dos siglos con los criterios actuales; como consecuencia exigir Reparación por estos hechos es un anacronismo deplorable.

Análisis de los argumentos

El argumento que explica la trata negrera transatlántica porque la esclavitud habría sido una práctica antigua en África, es un insulto comúnmente utilizado por los negrofóbos en el siglo XIX en los siguientes términos: *"... Preguntamos, ¿qué crimen cometieron, con respecto a la raza negra, los hombres que fueron a buscarla a África para trasplantarla aquí, sustituyendo así al amo bárbaro por el amo civilizado y cristiano (...)? Aquellos a quienes un destino benevolente designó para este éxodo, dejaron no una patria, sino una fosa común sangrienta (...). ¡Qué! Ustedes nos reprochan esta esclavitud que no creamos para ustedes, porque ya eran esclavos, mientras que nosotros les hemos salvado de los* *sacrificios humanos...*[2].

Esta manifestación de odio esgrimida como un argumento por los herederos de los antiguos esclavizadores europeos, cristianos y judíos, forjó y transmitió la imagen de los africanos practicando la esclavitud desde siempre, y teniendo la vergonzosa costumbre de venderse los unos a los otros. Imagen que aún hoy sirve para reforzar el sentimiento de superioridad moral de los europeos cuyo corolario sería la inferioridad de los africanos[3].

Para que esta distorsión de la realidad se convierta en un lugar común, hubo que pasarse por alto la realidad. Es decir, que los europeos, lejos de haber terminado el comercio de esclavos después de la antigüedad, continuaron vendiéndose entre sí los unos a los otros. Tanto es así que en el siglo VIII, cuando los esclavizadores musulmanes, árabes y bereberes islamizados llegaron a Europa y colonizaron parte del territorio español, el comercio de esclavos europeo, hasta entonces intraeuropeo, se internacionalizó[4].

---

2 Periódico *La Défense coloniale* (La defensa colonial) febrero de 1882, publicado en Saint-Pierre en Martinica y citado por Victor Schœlcher en *Polémica Colonial*, primer volumen,1a edición 1882, 2a edición, Fort-de-France, 1979, p. 9)

3 Basta con mirar la serie de mentiras y tergiversaciones vomitadas en la Revista L'HISTOIRE (HISTORIA) N° 878 / febrero de 2020, donde coinciden con el discurso del periódico La Défense coloniale (La Defensa Colonial).

4 Para un estudio en profundidad sobre este tema, ver Charles Verlinden, *L'esclavage dans l'Europe Médievale*, (La esclavitud en la Europa Medieval) tomo 1, Bélgica, 1957, y tomo 2, Bélgica, 1977.

En efecto, los cristianos europeos vendían otros europeos, a menudo cristianos también, a mercaderes judíos que practicaban la trata de esclavos entre ciertos países europeos y el mundo musulmán.

En otras palabras, no hay ninguna superioridad moral de los europeos sobre los africanos. Porque, no solo los europeos vendían a otros europeos, sino que incluso crearon en Europa, especialmente en Verdún, centros de castración administrados por comerciantes judíos, para fabricar eunucos muy demandados por parte de los compradores musulmanes[5].

El segundo argumento es que, si los Negros quieren Reparación, primero deben dirigirse a los musulmanes árabes porque fueron ellos los que comenzaron el comercio de seres humanos en África. Efectivamente, a mediados del siglo XV, cuando los portugueses desembarcaron en África, los esclavizadores musulmanes habían transformado, desde hacía siete u ocho siglos, ciertas regiones del continente en una reserva de esclavos expedidos a países musulmanes[6].

Pero, esa no es la cuestión. La cuestión es: "¿Por qué los descendientes de africanos deportados a América deben

---

5 Ver Évariste Lévi-Provençal, *L'Espagne musulmane au Xe siècle* (España musulmana en el siglo X), París, Maisonneuve et Larose, 2002.

6 Sobre este tema, ver Murray Gordon, *L'esclavage dans le monde musulman VII-XX siècle* (La esclavitud en el mundo musulmán del siglo VII-XX), Robert Laffont, 1987 y también Jacques Heers, *Les négriers en terres d'islam. La première traite des Noirs VIIè-XXè siècle* (Los negreros en tierras islámicas. La primera trata de Negros siglo VII al XX), Perrin, 2004.

presentar la factura a los musulmanes árabes?" No tienen nada que hacer con ellos.

Los negreros que obligaron a millones de hombres, mujeres y niños Africanos a atravesar el Atlántico, encadenados en el fondo de las bodegas de los barcos negreros, no eran musulmanes árabes.

Y en el universo concentracionario de América, los esclavizadores que los hicieron trabajar hasta la muerte, tampoco eran árabes musulmanes, sino europeos, algunos cristianos, otros judíos[7]. A partir de ahí, no solo es inadmisible, también es indecente decir que los Negros, descendientes de Africanos deportados al universo concentracionario de América, deberían exigir Reparaciones primero a los musulmanes con el argumento de que fueron los primeros negreros.

El tercer argumento está relacionado con el primero. Sirve para reforzar el prejuicio de que el comercio de seres humanos habría sido un asunto exclusiva y típicamente Africano. Es por eso que el discurso de los esclavizadores cristianos y judíos, retomado por los especialistas que trabajan en este tema, se transmite y amplifica por todos los medios.

---

7 Sobre el papel de los negreros y esclavizadores judíos durante el todo el período de la trata negrera, ver José Gonçalves Salvador, Os Magnatas do tráfico negreiro, Seculos XVI y XVII, Universidade de São Paolo, Brasil, y también Plumelle-Uribe, Victimes des esclavagistes musulmans, chrétiens et juifs (Víctimas de esclavizadores musulmanes, cristianos y judíos), Anibwe, 2012.

Esta narrativa histórica es muy importante porque explota las complicidades locales de las que se beneficiaron los negreros europeos en África y al mismo tiempo oculta las resistencias africanas ahogadas en sangre.

Los primeros ataques con impactos devastadores en África fueron realizados por los portugueses, quienes a mediados del siglo XV estaban a la vanguardia de la navegación.

La resistencia de los Africanos, que no conocían las armas de fuego, fue reprimida de manera sangrienta por la artillería de los portugueses que la utilizaron con una violencia sanguinaria hasta entonces desconocida en estos países. Sabemos que hubo muchas resistencias como la de Mombasa atacada en 1505:

"Ayudados por aliados africanos, los habitantes luchan contra los portugueses en los callejones de la ciudad, hasta el palacio del rey. Tras tomar por asalto el palacio, los portugueses obligaron al rey a rendirse. La ciudad fue saqueada e incendiada. En 1528, Mombasa fue atacada nuevamente. Después de cuatro meses de ocupación, los portugueses arrasaron la ciudad. Pero, cuarenta años después, en 1569, Mombasa se había repoblado. Alrededor de 1586, la ciudad fue arrasada otra vez y la cabeza del rey llevada y expuesta en Goa, India, donde se encontraba la residencia principal del representante del rey de Portugal en el

Océano Índico[8].

Cualesquiera que fuesen las complicidades locales de las que se habrían beneficiado los negreros, el hecho es que, en el universo concentracionario de América, la esclavitud de los Africanos y sus descendientes fue responsabilidad estricta de los esclavizadores occidentales cristianos y judíos, así como de los estados que incluso reglamentaron jurídicamente estos crímenes contra la Humanidad.

El cuarto argumento, como los anteriores, es un lugar común donde los adversarios de las Reparaciones, ignorantes, intelectuales o especialistas, se unen para explicarnos, de la manera más condescendiente, que se deberían evitar los anacronismos. Afirman que la exigencia de Reparaciones jurídicamente vinculadas a los crímenes de la trata y la esclavitud sería un anacronismo que consiste en juzgar e interpretar he-chos ya centenarios, con los principios y valores de hoy. Y afirman que en el momento en que sucedieron los hechos es-tas atrocidades no violaban ninguna norma jurídica y ni siquiera eran percibidas como un delito.

Según una opinión ampliamente difundida, antes del Siglo de las Luces, ni siquiera era concebible una condena de la pareja trata / esclavitud, tal y como lo hacemos hoy. Ya que, estas condenas habrían sido posibles gracias y solamente gracias al

---

8 Louise Marie Diop-Maes, *Afrique noire. Démographie, sol et histoire,* (África Negra. Demografía, suelo e historia), Presencia africana, pp. 206-207, basado en   L'Histoire générale de l'Afrique, (Historia general de África) volumen 5, capítulo 25;

pensamiento de los filósofos del siglo XVIII, de los cuales la Revolución Francesa y la Declaración de los Derechos del Hombre fueron la prolongación.

En el siglo XIII, cinco siglos antes de la Ilustración, la Revolución Francesa y la Declaración de los Derechos Humanos, la Carta de Manden proclamada en 1222 en la primera capital del Imperio de Malí, sí que hizo constar en su artículo 1, que *"Toda vida [humana] es una vida" y que "una vida no es más respetable que otra vida. De manera que una vida no es superior a otra vida"*; el Artículo 2 de la Declaración dice *"Toda vida siendo una vida, cualquier daño causado a una vida exige reparación (...)"*; y en los artículos 5 y 6, la esclavitud es prohibida en Manden[9].

Y para que esta declaración no se limite al dominio de la retórica, las autoridades de Manden libraron una guerra a muerte contra los esclavizadores musulmanes que asolaban el territorio.

Y si menos de un siglo y medio después, el flagelo de la esclavitud y el comercio de seres humanos, volvía a extenderse como un cáncer por todas partes en Malí, bajo el reinado de emperadores musulmanes, esta condenable regresión no puede cambiar ni una coma de la realidad de los principios antiesclavistas que guiaron la lucha de los

---

9 Youssouf Tata Cissé, *La Charte du Manden, Du Serment des chasseurs à l'abolition de l'esclavage*, (La Carta de Manden. Del juramento de los cazadores a la abolición de la esclavitud), Lisboa, Triángulo Dankoun, 2015.

abolicionistas de Mandé a principios del siglo XIII.

En el siglo XVII, cuatro siglos después de la Carta de Manden, poco antes de la publicación en Francia del decreto de 1685, conocido como el **Código Negro** y varias décadas antes de la Ilustración, se produjo un evento del que los especialistas en trata y esclavitud han decidido no decir nada: dos capuchinos, el español Francisco José de Jaca y el francés Épiphane de Moirans recurrieron, no solo a las Escrituras y la teología, sino también a la luz de la razón y a los derechos humanos.

Recién llegado al universo concentracionario de América, el sacerdote capuchino Francisco José de Jaca enviado por su Congregación para predicar el Evangelio, quedó aterrorizado por las atrocidades que percibía como la fealdad absoluta del mal en todas sus dimensiones. Muy rápidamente se volvió abiertamente hostil a este sistema al que llamó criminal. Y muy rápidamente también, se convirtió en el blanco de persecuciones por parte de las autoridades civiles y eclesiásticas.

Detenido y encarcelado, de Jaca finalmente es deportado y devuelto a España a través de Cuba. En La Habana, de Jaca se encuentra con el misionero francés Épiphane de Moirans, quien también había sido enviado para difundir la palabra del evangelio en el Nuevo Mundo. En Cayena, donde ejerció su ministerio, el horror cotidiano intrínseco a este universo concentracionario impactó violentamente la sensibilidad humana de este capuchino. Y muy rápidamente comenzó a predicar la abolición de la esclavitud y el pago de

REPARACIÓN a las víctimas y / o derechohabientes. Era mucho más de lo que podían tolerar las autoridades civiles francesas y su jerarquía eclesiástica. Por ello, el sacerdote de Moirans fue procesado, arrestado y finalmente deportado él también.

Como consecuencia de su encuentro, estos dos misioneros unen su voluntad, su fuerza y su capacidad de trabajo por la abolición de la esclavitud y el pago de REPARACIÓN a las víctimas. De vuelta en Europa, a diferencia del Sr. Montesquieu en el siglo siguiente, de Jaca y de Moirans no se contentaron con hacer ironías en las conversaciones de salón sobre la esclavitud y los esclavos. Llevaron a cabo una larga lucha en la Corte Real de España y la Corte Pontificia de Roma. Gracias al apoyo de ciertas personalidades, presumiblemente, favorables a su combate contra el crimen de esclavitud, lograron llevar sus denuncias y presentar su solicitud al rey. Cabe destacar que en un Memorando dirigido en 1681 al Rey de España, **Carlos II**, el Sacerdote de Jaca tituló "Derechos humanos" (*"humanos derechos"*) la primera parte de su Memorando.

En su memorando titulado *"Esclavos libres o defensa jurídica de la libertad de los esclavos"*, de Moirans usa la palabra deportación tan pronto como se refiere al tráfico negrero. Y en el capítulo titulado *"Los amos de Negros tienen el deber de devolverles los frutos de su trabajo"*, de Moirans afirma sin rodeos: "*Los amos no solo están obligados a restaurar la libertad de los Negros, sino también a repararlos por todos los perjuicios que tuvieron que soportar por causa de esta alienación*". Estos abolicionistas acosaron literalmente a la

Congregación para la propagación de la fe, de la que dependían (como) misioneros, para que presentara al Santo Oficio de la Inquisición un cuestionario que contenía lo esencial de sus exigencias de abolición de la esclavitud y de REPARACIÓN a las víctimas.

El resultado oficial de esta larga lucha es un documento fechado en Roma el 20 de marzo de 1686 del cual se presentan aquí algunas respuestas a las preguntas formuladas:

Jueves 20 de marzo de 1686. Decreto del Santo Oficio sobre varias dudas que le han sido sometidas por la Sagrada Congregación para la Propagación de la Fe.

¿Es lícito capturar con violencia o engaño a los Negros y otros salvajes no beligerantes? Sus eminencias dicen que no es lícito.

¿Es lícito comprar o vender Negros y otros salvajes no beligerantes, capturados con violencia o engaño y regatear su precio de alguna otra manera? Sus eminencias dicen que no es lícito.

¿Deberían los amos de los Negros y otros salvajes no beligerantes, capturados con violencia o engaño, liberarlos? Sus eminencias dicen que deben hacerlo.

¿Los compradores de Negros y otros salvajes no beligerantes, capturados con violencia o engaño, y los amos, están obligados a pagarles reparación por los daños sufridos? Sus eminencias dicen que están obligados a ello"[10].

Conclusión

Francisco José de Jaca y Épiphane de Moirans pagaron un precio muy alto por este combate para abolir la esclavitud y por la REPARACIÓN de las víctimas de este crimen contra los derechos humanos. Y esto incluso antes de que el Sr. Colbert tuviera la iniciativa de crear esa monstruosidad jurídica que conocemos como "el código negro", diseñada para reglamentar "el genocidio más frío de la modernidad"[11].

En 1689, de Moirans (45 años) murió en Francia en el convento de Tours y Jaca (44 años) murió en España cerca de Madrid. Estos abolicionistas lo sacrificaron todo en la lucha por la libertad de los Negros y por el pago de reparaciones a las víctimas de este crimen y a los derechohabientes. Si aún hoy sus nombres permanecen desconocidos y ausentes de los libros de historia de la trata negrera y la esclavitud, es porque desde siempre, lo que llamamos conocimiento

---

10 Louis Sala-Molins, ESCLAVAGE RÉPARATION *Les Lumières des capucins et les lueurs de pharisiens*, (REPARACIÓN DE LA ESCLAVITUD Las Luces de los capuchinos y los destellos de los fariseos), París.

11 Louis Sala-Molins, *Le code noir ou le calvaire de Canaan* (El código negro o el calvario de Canaán)

histórico, es solo la narración o el relato de la interpretación hecha por aquellos que tienen el poder suficiente para imponer su visión.

Estos capuchinos no solo consideraron la trata y la esclavitud como un crimen contra los derechos humanos, sino que exigieron el fin inmediato de este crimen y el pago de reparaciones a las víctimas. Llevaron esta exigencia a la Corte Real de España e incluso al Vaticano. No esperaron al Siglo de las Luces para condenar en los hechos y en el derecho la esclavitud de los Negros en el universo concentracionario de Améri-ca.

Si, como hemos señalado, en el artículo 2 de la Declaración de Manden se dice que "Cualquier perjuicio causado a una vida requiere reparación", y si en el siglo XVII los dos capuchinos mencionados lucharon por la abolición de la pareja trata / esclavitud y para que se paguen Reparaciones a las víctimas de este delito, así como a sus derechohabientes,

¿Entonces, dónde está el anacronismo?

Maldición de Cham, un vasto engaño

Por René Louis Parfait Etile

Egiptólogo Martiniqueño

Parece difícil para los Negros hablar de sus propios sufrimientos. Dos ejemplos son suficientes: no se ha construido ni un solo monumento a la memoria de los más de 20 millones de negros masacrados en el antiguo Congo belga. ¡Sin embargo, el Presidente del País va a rezar en el "Muro de Las Lamentaciones"! ¿Cuánto tiempo le llevó a Senegal conmemorar la masacre de Thiaroye cometida por Francia? Por lo tanto, debemos saludar con respeto y gratitud a las hermanas y hermanos del MIR.

ACTO 1: Poner fin a la obsesión bíblica

Para el Occidente y para casi todos los países anteriormente colonizados por los leucodermos, la "Tierra Santa" corresponde geográficamente a Israel, incluido el territorio sirio anexionado del Golán (alrededor de la región de Baniyas, Paneas o Cesarea de Filipo) y territorios bajo la autoridad palestina (Cisjordania y la Franja de Gaza) hasta la costa sur del Líbano (con Tiro y Sidón) y parte de Jordania (Betania más allá del Jordán). Esta Tierra también juega un papel en el nacimiento del Islam, ya que la tradición islámica coloca allí el viaje celestial de Mohamed a partir de la futura explanada de Al-Aqsa en Jerusalén.

Sin embargo, esto es lo que la ciencia dice en boca de los mismos investigadores israelíes : *".. El núcleo histórico central del Pentateuco y de la historia deuteronomista fue compuesto,*

111

en sus líneas generales durante el siglo VII a. C. (...) La saga histórica, que la Biblia nos cuenta (...) no debe nada a ninguna revelación milagrosa; es el brillante producto de la imaginación humana (...) la saga del Éxodo de Israel fuera de Egipto no es una verdad histórica (...)" (La Biblia revelada, por Israël Finkelstein y Neil Asher Silberman)

Más aún : *"A pesar de que una gran parte del relato bíblico tiene lugar en el Antiguo Egipto, Abraham, José, Moisés no se encuentran por ninguna parte en el estado actual de la investigación arqueológica. (...) No hay evidencia arqueológica de su existencia (existencia del pueblo hebreo) como se le describe en el Génesis y en el Éxodo. (...) ¿Es posible que una población que haya vivido 430 años en el país de Egipto, incluyendo 210 de esclavitud bajo varios faraones, haya podido huir de esta región burlando a todo el ejército egipcio? ¿Es posible establecerse en la tierra de Canaán sin ninguna reacción de la autoridad faraónica, sabiendo que a lo largo de toda su historia, Egipto administró esta provincia? (...) ¿Por qué no han demostrado nada 200 años de investigación en las arenas, tumbas y templos?"* (Los secretos del éxodo, Messod y Roger Sabbah)

Es un hecho científico: las escrituras semíticas son posteriores a los jeroglíficos faraónicos. El texto más antiguo encontrado en el idioma árabe data solo del 328 dC; está en la tumba de un jefe árabe de Nemra, cerca de Damasco. ¡No obstante, los árabes piensan que para conocer a Dios, solo el Corán lo permite! Un dialecto cananeo bien conocido es el hebreo. Según la misma tradición hebrea, los hebreos adoptaron el idioma y los lugares de culto de los cananeos. Ahora bien, después de las glosas de El Amarna (Alto Egipto) [cartas escritas al faraón de Kémèt Amenophis IV (Akhenaton) en lengua babilónica y en caracteres cuneiformes por los pequeños vasallos palestinos del siglo XV aC], el monumento más antiguo en el idioma cananeo es la inscripción triunfal del rey moabita Mesha (alrededor del 900 a. C.).

Sin embargo, los judíos enseñan que los santos entienden solo el hebreo y que el Dios Yahweh solo hablaría hebreo, ¡pero entendería otros idiomas!

Del comunicado de la agencia de noticias Reuters del 15 de diciembre de 1998 (9.45 am), el director del Instituto Arqueológico de Alemania, Günter Dreyer, declaraba: "Pensamos que los sumerios habían sido los pioneros de la escritura" Se señalaba a la comunidad científica internacional que un equipo alemán de arqueólogos había realizado importantes descubrimientos en África. Estos nuevos datos obligan a los investigadores internacionales a simplemente proclamar la autopsia de la tesis de la invención de la escritura en Mesopotamia. De hecho, en Abydos (400 km al sur de El Cairo), el equipo del profesor Dreyer encontró alrededor de 300 cerámicas en un antiguo cementerio real. Las inscripciones jeroglíficas descubiertas en ellos datan de 3.400 aC, mucho antes de la aparición de la escritura cuneiforme. Entonces África, la "Cuna de la Humanidad", es también la verdadera "Cuna de la escritura".

Incluso la Biblia localiza gran parte del famoso "Jardín del Edén" en África puesto que: Un río salía del Edén para regar el jardín. A partir de ahí se dividía en cuatro brazos. El nombre del primero: Pichôn. Precisamente, según el hebreo, la palabra "Pichôn" significa "El Nilo". El segundo río mencionado en la Biblia se llama Guihôn, en la tierra de Kush, al sur de Kemet. Por lo tanto, este también es el Nilo.

Los escritos de los antiguos griegos demuestran la anterioridad espiritual de los Negros. Por ejemplo, citemos:

113

"Zeus se fue ayer por el océano para participar en un banquete donde viven los Negros sin reproche, y todos los dioses lo siguieron. Dentro de doce días, regresará al Olimpo." (Iliada I, 423-425, Homero); Ulises llorando por Triptólemo dice: *"Nunca había visto algo más hermoso que el divino Memnon. (Alusión a Memnon, rey de los Negros";* ver La Odisea XI, 522, Homero).

Con respecto al cristianismo primitivo, añadamos hechos obliterados: Existencia terrestre o no, las representaciones más antiguas de Jesús, Jesucristo y también de su madre María son de carnación negra. (Véase, por ejemplo, la Cena más antigua en las catacumbas romanas y la representación más antigua de María y el niño; para Jesucristo ver los papiros coptos). Cabe destacar que la "aparición" mariana más antigua se encuentra en Puy-en-Velay (Virgen Negra). Es conocido que las "Vírgenes Negras" son de hecho avatares de la "diosa Isis" (de hecho, ella es una manifestación divina y su verdadero nombre africano es Aséta, que dará lugar a Aïssatou). Los *"Textos de las Pirámides"*, textos de Kamitas (entiéndase los Negros) del Egipto faraónico (Kemet) grabados a partir del faraón Unis (quinta dinastía), presentan los escritos religiosos más antiguos, los escritos sagrados más antiguos, los escritos espirituales más antiguos. de la Historia de la Humanidad, ¡hasta que se demuestre lo contrario!

¿Por qué la "raza negra" habría sido maldecida, cuando el Continente Negro fue testigo del nacimiento no solo de los primeros Homo sapiens sino también de los escritos más antiguos dirigidos a la Divinidad? ¿Vasto engaño de racistas codiciosos y criminales?

ACTO 2: La famosa maldición y algunos de sus avatares.

La borrachera de Noé es un episodio bíblico contado en Génesis 9: 18-29. Contiene la maldición de Canaán, hijo de Cham (Ham, Kam), él mismo hijo de Noé. El prejuicio racista del color unido a la maldición de Cham nacerá tardíamente de la exégesis de un Padre de la Iglesia, Orígenes (182-254).

Los blancos, para legitimar las razias negreras y la esclavitud de los Negros, utilizaron esta vieja historia, hasta ese momento poco utilizada en el mundo occidental, la de la maldición de Cham. El Papa Nicolás V y la Iglesia Católica bendicen este crimen contra la Humanidad el 8 de enero de 1454; los Negros se convertirán en "bienes muebles" (artículo 44 del Código Negro). Así, el profesor Louis Sala-Molins dice con razón: *"¿La ley de Moisés, los cananeos, los Africanos? ¿La esclavitud de los cananeos como pretexto para la esclavitud de los africanos? Sí, todo eso es coherente..."*(El Código Negro o el calvario de Canaán).

Los comentarios bíblicos de los rabinos que han impulsado el racismo y el odio hacia los Negros son jázaros. No tienen casi nada que ver con los hebreos históricos (véase, por ejemplo, Shlomo Sand, Cómo se inventó el pueblo judío). Algunos dicen que Cham emasculó a Noé en la oscuridad de la noche: por esta razón, los hijos de Canaán nacerán feos y Negros. Sus cabellos se volverán rizados, porque Cham se habría contorsionado para ver la desnudez de su padre. Sus labios se hincharán porque Cham se burló de su padre. Su sexo crecerá ignominiosamente, porque Cham no respetó la desnudez de su padre. Canaán ordenaría a sus descendientes que amaran el robo y la fornicación, que odiaran a sus amos y que siempre mintieran. *(El Talmud de Babilonia Sanedrín 72a-b, 108b y Pesahim 113b; Tanhuma*

Buber Génesis 49-50; Tanhuma Noah 13.15; Génesis Rabba 341). Otros dicen que fue Canaán quien emasculó a Noé. *(Tanhuma Buber Génesis 48-49; Génesis Rabba 338-40; Pirqe Rabbi Éliezer, cap.23).* Un pasaje del Midrash agrega la sodomía a los "crímenes" de Cham.

La mayor autoridad rabínica de los últimos siglos, el rabino Moisés Maimónides (1138-1204) también describió *"los orígenes de Satanás"* (sic). Es un ángel caído llamado *"Samael negro"*, habría venido a seducir a Eva en el Jardín del Edén (en ausencia de Adán). De su unión con Eva habría nacido Caín. También habría fornicado con Adam. Este mismo rabino (Maimónides) en una obra considerada por los judíos como la más grande en materia de filosofía religiosa judía *(La Guía de los descarriados, libro III, capítulo 51)* nos dice esto del pueblo negro: *"...su naturaleza es similar a la de los animales mudos, y en mi opinión, no alcanzan el rango de seres humanos; entre las cosas existentes, son inferiores al hombre, pero superiores al mono, porque tienen en mayor medida que el mono, la imagen y la semejanza del hombre ".*

Los musulmanes no son "inocentes". Por ejemplo, Al-Idrisi, un geógrafo árabe nacido en 1100 (el más leído en aquel entonces en el propio Occidente) piensa que los Negros eran, por la fuerza, de esencia inferior y, naturalmente, apoyaba la idea de que su destino infeliz, en particular vivir como esclavos, se debía al hecho de haber nacido en el peor de los climas.

Al-Dimeshkri, circa 1300, un buen musulmán y autor de una Cosmografía, escribe sobre los negros: *"No se les ha revelado ninguna ley divina. Ningún profeta apareció en sus lares... Su mentalidad es cercana a los animales..."*

116

Podemos leer de la pluma del historiador árabe Ibn Khaldoun (1332-1406): *"Es cierto que la mayoría de los negros se acostumbran a la esclavitud fácilmente; pero esta disposición resulta, como ya lo hemos dicho en otra parte, de una inferioridad de organización que los acerca a los animales brutos. Otros hombres pueden haber consentido entrar en un estado de servidumbre, pero fue con la esperanza de obtener honores, riquezas y poder..."(Los Prolegómenos, IV).* Agreguemos : *"...malolientes… extremidades desproporcionadas, un espíritu deficiente y pasiones depravadas ..."*

ACTO 3: La anterioridad histórica africana y la espiritualidad de Kemet atomizan las maldiciones anti-Negras.

Comencemos con una crítica de la Torá (que corresponde más o menos a algunos textos del Antiguo Testamento de la Biblia). Originalmente, no había creencia en Israel en la vida eterna o una creencia en la resurrección de los justos. Las almas de los difuntos, justas o malas, se hundían en el Seol, reino de los muertos y lugar fantasmal poblado por sombras errantes. Basta leer en el Eclesiastés 9.2: *"Todo acontece de la misma manera a todos; un mismo destino tiene el justo y el impío; el bueno y el malo, el puro y el impuro; el que sacrifica y el que no sacrifica".* En efecto, desde la creación, el famoso dios Yahweh prohíbe la vida eterna a los humanos: *"Dios eterno dijo: He aquí, el hombre que se ha convertido en uno de nosotros, por el conocimiento del bien y del mal. Impidámosle ahora de extender su mano, de tomar del árbol de la vida, de comerlo y de vivir eternamente".* Génesis 3, 22. ¡Fue solo a partir del siglo II aC que aparece la noción del

117

alma! (Ver Libro de Daniel y segundo Libro de los Macabeos).

El origen africano del *Homo sapiens* es un hecho establecido, todos los religiosos, que creen en una "Maldición de Cham", deben admitir que su Dios es el "Rey de los idiotas". De hecho, la Torá, la Biblia y el Corán admiten la creación de la Humanidad a imagen de Dios. ¡Todas las ciencias han confirmado la anterioridad de los Negros, por mucho que le pese a la "White supremacy"! Este hecho por sí solo es suficiente para destruir todos los presupuestos racistas.

Esta es una lista (no exhaustiva) de conceptos Negros que son todos hechos comprobados científicamente con los escritos jeroglíficos. Las fuentes son numerosas y todas anteriores a la escritura de la Torá, la Biblia y el Corán. Solo citaremos una fuente para cada uno de los conceptos.

Concepto de unicidad de la Divinidad *(El Gran Himno a Atón)*; concepto de "Tierra Santa", "Tierra Divina": es el "To Neter", Tierra de la Divinidad ubicada a la altura de los Grandes Lagos Africanos al sur de Kemet (T. Bardinet, , Los papiros medicales del Antiguo Egipto) ; Concepto de "Luz divina": es el Râou Rê *(Textos de los Sarcófagos)*; Concepto de oración: las oraciones escritas más antiguas *(Textos de las pirámides)*; Concepto de alma y ángel *(textos de las piramides)*; Concepto del pesaje del Alma *(Papiro Hounefer)*; Concepto de la resurrección (la resurrección escrita más antigua documentada es la de Osiris, véase, por ejemplo, *Papiro de Ani*); Concepto de la vida eterna *(textos de las piramides)*; Concepto de la Trinidad (*Templo de Luxor*: Amon-Rê / Mout / Khonsou); Concepto de la "Inmaculada Concepción" (concepción de Horus hijo de Isis y Osiris, *Templo Funerario del Faraón Sethi I*); Concepto de compartir el pan y el vino *(textos de los sarcófagos)*; Concepto de la comunión *(A.*

Moret, Reyes y dioses de Egipto); Concepto del Sagrado Corazón: la llamada cruz latina en el corazón es un atributo de Osiris (*Jeroglífico Nefer* que significa "bueno, perfecto, hermoso"); Concepto de la Cruz (la cruz *Anj* es un signo de vida eterna); Concepto del agua bendita (*Textos de rituales de purificación; lagos sagrados de Kemet* en particular *Lago sagrado del Templo de Karnak*); Concepto del incienso (bajorrelieve, ofrenda de incienso por el faraón Sethi I, *Templo de Osiris en Abydos*); Concepto de bautismo (*el del faraón Amenhotep I por Anubis y Maât, Valle de los Reyes*); Concepto del Paraíso e Infierno (Paraíso: Campos de Ialou, *Tumba de Sennedjem, Deir el-Medineh* / Infierno: el fuego de los "pozos en llamas" en los que se arrojará a los condenados, *Tumba de Sethi I, Valle de los Reyes*); Concepto de serpiente diabólica *(Libro de las Puertas, Tumba de Ramsés I, Valle de los Reyes)*; Concepto de mandamientos divinos: 42 mandamientos también llamados "confesión negativa" o "los mandamientos de la MAAT" *(papiro de Ani)*; Concepto de Pasión (La Pasión de Osiris y Su Asesinato por los Sethianos, *Textos de las Pirámides*); Concepto de discípulos (Horus, hijo de Osiris, entronizado ante sus 12 discípulos, *Libros del Más Allá, séptima hora de Amdouat*); Concepto de la Cruz (Cruz Anj, Cruz de la Vida Eterna, *Textos de las Pirámides*); Concepto del simbolismo del Pez (Símbolo de Usiré, porque ahogado en el Nilo, luego cortado en 14 pedazos, su falo fue tragado por un pez / Osiris en forma de pez, *Tumba de Khabeknet, XIX dinastía*); Concepto de las Estaciones de la Cruz (Pasión de Osiris / después de su asesinato, las 14 piezas de su cuerpo, esparcidas por el territorio de Kemet, están simbólicamente en el origen de las 14 etapas del Camino de la Cruz de Jesús); Mencionemos rápidamente otros conceptos Negros: el domingo de ramos (vinculado a Isis), la Pascua Osiriana, el descenso al infierno en el segundo

119

día después de su muerte terrenal (para Osiris) y su ascenso al cielo.

Finalmente, es bueno notar que la revista *"El mundo de la Biblia"* (número 216 de marzo / abril / mayo de 2016) reconoce la anterioridad de la Espiritualidad Kamita al cristianismo y a todas las demás religiones (en particular la anterioridad de la historia de Osiris y su resurrección a la de Jesús)! ¡No se puede decir que esta revista bíblica es pro-Kemet ni menos aún pro-Negro!

CONCLUSION

Vemos que es mejor guardar silencio y pasar por un tonto, que ser un bocazas y no dejar ninguna duda al respecto. Sin embargo, uno de los grandes males de este mundo es que a menudo los tontos criminales ganan. Debemos unir nuestros esfuerzos y permanecer vigilantes ante la estupidez humana (racismo, elección divina autoproclamada, xenofobia, asesinato de los justos, colonialismo, esclavitudes modernas, persecución de los débiles, misoginia, etc.). No se debe acordar ninguna concesión científica, legal, moral, etc., en resumen, ninguna concesión "Maatica" (de la Maât, Verdad-Justicia entre los Kamitas) a los crímenes contra la Humanidad. Las reparaciones idóneas deben ser implementadas sistemáticamente. Sí, el Negro tiene un alma. ¡Es un concepto Negro, pero también una de las creaciones más bellas de la razón humana!

Esclavitud Reparación

Extractos del libro «Esclavage Réparation - Les lumières des capucins et les lueurs des pharisiens» (Reparación de la esclavitud: las luces de los capuchinos y los destellos de los fariseos) Ed. Lignes, 22 de septiembre de 2014 (ISBN 978-2-35526-132-9)

Por Louis Sala-Molins

Profesor de filosofía política,
Especialista en las prácticas de la inquisición romana y las codificaciones de la esclavitud de los Negros.

Breve presentación del Editor "Lignes" a quien agradecemos su amable autorización para utilizar grandes extractos de este libro:

"La cuestión política de las reparaciones debidas por el crimen de la trata negrera va a ser planteada con intensidad. A principios de 2015 Louis Sala-Molins, editor del Código Negro (13 ediciones), tomó partido al presentar los libros de la ira de dos monjes capuchinos de finales del siglo XVII, que exigieron no solo el cese inmediato de esta infamia, sino, ya en aquella época, reparaciones incondicionales."

Agradecemos infinitamente al autor, el Sr. Louis Sala-Molins, por su generosidad y su disponibilidad, y por haber escrito para nosotros esta nota presentando a los dos monjes capuchinos de finales del siglo XVII, que exigieron no solo el cese inmediato de esta infamia que es la esclavitud, sino, ya por aquel entonces, reparaciones incondicionales.

"Unos años antes de que Versalles se cubriera de gloria al promulgar el CÓDIGO NEGRO, que legalizaba la esclavitud y le daba al esclavo el increíble estatus de " bienes muebles " negociable como una bestia de carga o la carpa de un estanque, Epiphane de Moirans y Francisco José de Jaca reducen a nada, con un argumento poderoso, cualquier posible relación entre la esclavitud y la ley: ilegales, trata y esclavitud deben terminar sin demora. Enumeran las consecuencias en derecho de este acto jurídico. Entre ellas, ésta: por la compra infame y la espantosa travesía del Atlántico, por el trabajo no remunerado, la horrible labor impuesta, los golpes sufridos, las torturas y los sufrimientos infligidos, los castigos soportados, los crímenes perpetrados, reparación total es debida no solo a cada esclavo vivo en el momento de la abolición de la esclavitud, sino también a los derechohabientes de cada esclavo que murió antes de ese día, sin ninguna limitación en el número de generaciones. "

Capítulo: Prólogo

Hoy todavía, los efectos culturales, económicos y sociales de la esclavitud centenaria ejercen todo su peso sobre los hombros y el pensamiento de la mayoría de los descendientes de los antiguos esclavos Negros. Nadie niega esta evidencia.

El genio francés ha encontrado palabras definitivas que resuelven para siempre la cuestión de las reparaciones debidas a los esclavos Negros y a sus derechohabientes por el trabajo abrumador y los castigos infinitos que soportaron a lo largo de la interminable duración de su calvario.

La Historia ha seleccionado al menos tres, las cuales dictaron la ley. Y, además, un gesto silencioso que, por omisión, no hizo menos.

Segunda República, 1848: segunda y definitiva abolición de la esclavitud en las islas azucareras de la Gran Nación. Sin invadir de ninguna manera los espíritus de entonces que eran bastante indiferentes al destino de los Negros del fondo de los confines de la tierra, se planteó una cuestión de ... minucia. Privados de todo, ¿qué será de los Negros que antes eran esclavos y de repente libres? Eso preocupa, se argumenta, se debate. Sin entusiasmo. La justicia que les quita los grilletes y les otorga la ciudadanía, ¿no les debe reparación? ¿No debería distribuirles toda o parte de la tierra que han arado, sembrado, valorizado con sus brazos, rociado con sus lágrimas y fertilizado con su sangre? El gran Tocqueville, entonces la conciencia de la nación, desde entonces y hasta hoy una referencia ineludible de su sabiduría moral, cierra el debate: *"Si los negros tienen derecho a ser libres, es indiscutible que los colonos tienen derecho a no ser arruinados por la libertad de los negros."* Los bekes dormirán tranquilos, no perderán ni un acre de sus plantaciones. Mejor que eso: serán compensados por la pérdida de sus Negros. Virtuosa Segunda República...

Quinta República, 2001: Ley Taubira que califica la trata y la esclavitud como *"crímenes de lesa Humanidad"*. Imprescriptibles por lo tanto. La redacción del texto de la ley deseada por la diputada de Guyana contenía un *"artículo 4"*

123

como sigue:

"Se establece un comité de personalidades calificadas encargadas de determinar el perjuicio sufrido y de examinar las condiciones de reparación debidas en relación con este crimen. Las competencias y las misiones de este comité se fijarán por decreto del Consejo de Estado ".

Los representantes del pueblo comprendieron que este artículo no era un simple adorno por lo que fue rechazado por la Comisión Parlamentaria terminando tal cual en la basura.

Después de la brillantez tocquevilliana del genio francés reduciendo a la nada con garbo la cuestión de las reparaciones, el gesto silencioso del legislador en la antesala de la Asamblea disocia la *"imprescriptibilidad"* y el *"crimen contra la Humanidad"* que el lenguaje de las leyes anunciaba hasta entonces con un solo aliento. La omisión, habiendo sido evocada y sentida por dos o tres representantes electos a la Asamblea, el genio francés tronó con la voz de la Ministra de Justicia del gobierno socialista de entonces dando la réplica adecuada: *"El gobierno no puede situarse en una perspectiva de indemnización que, en la práctica, sería imposible de organizar."* Dos o tres voces en el Senado insistieron en la necesidad jurídica de "reparar", pero el Secretario de Estado de Ultramar, haciéndose eco de las fuertes palabras de su colega, la Ministra de Justicia, deseó que no se hablase más de reparaciones porque *"la indemnización y la reparación plantean problemas muy complejos".* ¿Indemnización? ¿Reparación? *Absurdo* para Tocqueville. *No viene al caso* para la Comisión Parlamentaria. *Muy complejo o prácticamente imposible* para dos ministros de un gobierno socialista. Cada uno con palabras - o un gesto - definitivo, Tocqueville hace más de un siglo y medio, luego una Comisión Parlamentaria, una ministra de la Justicia y un Ministro de Ultramar hace menos de quince años: es más que suficiente para fundar y establecer una *"tradición histórica"*. Y dado que desde ahora hay verdad y tradición histórica, ¿de qué sirve perder el tiempo revisando la historia y la tradición ex ante tan bien fundamentadas?

¿La esclavitud de los Negros establecida por la monarquía? Al conmemorarlo, la Quinta República lo condena y lo devuelve a la Segunda, que lo abolió. Punto final. ¿"Punto final" de una lectura en contradirección? No. Punto y aparte. Porque esta cuestión de reparaciones, absurda para la mayoría, esencial si la justicia no es una palabra vacía, se ha tratado una y otra vez desde que los barcos negreros se dedicaron al comercio triangular trayendo baratijas de las tierras de la cristiandad al África pagana, deportando Negros de África a las Américas, y trayendo de las Américas a Europa los productos del trabajo de los Negros deportados y reducidos a la esclavitud.

Tratada. Y resuelta con su evacuación fuera de todo debate, unas veces con dos oraciones perentorias, otras con una plétora interminable de raciocinaciones y de silogismos alambicados. Negreros y plantadores, obispos y gobernadores, políticos y ministros, teólogos y filósofos, tradicionalistas y reformistas, revolucionarios y realistas discordaron sobre la manera conveniente de *mantener a raya* - la palabra es de Montesquieu - día tras día a los esclavos Negros, sobre *cómo terminar con la esclavitud al final de tal o cual moratoria sin poner en peligro la paz social* - este es el enfoque y la preocupación de Condorcet - o, por el contrario, fortalecer y regular mejor su práctica para el mantenimiento y el desarrollo de la producción y el comercio. Pero todos están de acuerdo cuando hablan de eso, en considerar absurdo, estrafalario, sinsentido en el sentido más fuerte de la palabra, la cuestión de un salario debido al emancipado por su trabajo esclavo. Emancipado, ahí está, como quien dice, libre; no vamos encima a redoblar de celo para llenarle sus bolsillos vaciando los de los amos... La sonora palabra del gran Tocqueville, inmediatamente erigida en un dogma de fe irrefutable o en el principio político fundacional, cuestión de gustos, era solo la altiva afirmación de un consenso tácito reconducido siglo tras siglo. En acuerdo armonioso e inmemorial con el derecho. Naturalmente.

Por lo tanto, la causa está resuelta: ni indemnización ni reparación, tal es la norma impuesta con veracidad por la tradición. ¿Es esto realmente cierto? Aun así no faltan descerebrados que, mucho después de la abolición de la esclavitud de los Negros, buscan disputarse con los sucesores de los antiguos esclavizadores (estados, naciones, empresas, linajes) y pretenden constreñir a tribunales y poderosos de hoy a volver a abrir el capítulo cerrado de las reparaciones. Hicieron oír sus voces en 2001 en la Conferencia Internacional de Durban. Están llevando a cabo acciones legales notables, y a veces exitosas, en los Estados Unidos. Asociados en el MIR (Movimiento Internacional por las Reparaciones) o bajo otras siglas, tienen la intención de interpelar al Estado francés judicialmente, y no exclusivamente. Locura, como quien dice, pues tradición y verdad son, como hemos visto, lo que son. Locura, martillean historiadores y ensayistas de alto rango.

Quienes, a través de una valiente serie de silogismos, adoran denunciar entre los descerebrados de los que hablo, una falta de probidad intelectual que se acopla bien con su ignorancia. Ustedes se burlan, dicen los sabios a los tontos, de las debilidades de los grandes hombres del pensamiento de antaño a la hora de hacer justicia a los Negros explotados hasta la muerte en la esclavitud; ustedes están buscándoles las cosquillas debido, ya a sus silencios, ya por alguna crítica suya en sordina, ya por lo ingenioso que resulta algún ajuste temporal de las prácticas del mercado a los logros de la razón; Interpelándolos siglos arriba, ustedes argumentan en contra de ellos usando los principios, las palabras, los valores de hoy; principios, palabras, valores que, anótenlo cuidadosamente, no serían lo que son hoy si no hubieran, ellos los primeros, establecido las premisas y recogido las primicias en su tiempo, el tiempo glorioso de las Luces. ¿Por qué quieren, insisten los sabios, que los pensadores en quienes piensan, hayan podido imaginar por un instante que debían evocar las reparaciones debidas a los esclavos, esta cuestión, impensable entonces, inventada desde cero en nuestro tiempo y que no releva de ninguna manera de las preocupaciones morales o jurídicas de su época? Si va a ser así, pobres locos que son ustedes, búrlense de ellos por no haber exigido beneficiarse de la Seguridad Social, vacaciones pagadas y matrimonio igualitario, PMA y GPA incluidos. Sean sensatos, pobres tipos divertidos, y vayan a jugar a otro lugar: el anacronismo en la historia es un defecto feo, predican.

Y habiendo disertado así, los sabios concluyen rogando a los locos que dejen rápidamente su alboroto indecente.

Tienen razón, los regañones: en historia, peor que un pecado mortal, el anacronismo es un sacrilegio. Hay que evitarlo como la peste. Ahora bien, existe un anacronismo al burlarse de un pensamiento comúnmente aceptado y temporalmente fechado de anteayer, al identificarse, para este propósito, con los criterios del día después de mañana.

Dos ejemplos de los efectos perniciosos producidos por este sacrilegio en el mundo sereno o agitado de los historiadores.

El primero. Sorprenderse hoy con que Aristóteles haya hablado con tanta calma como sabemos de la existencia de la *"esclavitud natural"* es de un ridículo rematado. Todos sabemos desde la cuna que a la esclavitud en todas sus formas, siendo tan natural en el mundo de Platón y Aristóteles como el curso diario del sol en el cielo griego, nadie le encontraba peros. Sin embargo, Aristóteles especifica, hablando de la *esclavitud natura*l, tan natural que el caso se resuelve en medio párrafo de *"Política"*, que *"algunos afirman que la esclavitud natural no existe"* y que, en consecuencia, solo la posibilidad de guerras y robos es la fuente. ¿Quiénes son estos *"algunos"*, de quienes la posteridad debe saludar con entusiasmo su clarividencia? El gran filósofo no lo dice: sin temor al anacronismo, sin embargo, dice que existen ... en contradicción con una opinión general indiscutible y un pensamiento comúnmente aceptado, ambos con fecha en el tiempo.

El segundo. Bartolomé de Las Casas. Los indios. La controversia de Valladolid. Orden del Rey: Se debate una cuestión tan fundamental para la legitimidad de la aventura americana de la Castilla como la de la Humanidad y la libertad

128

natural de los indios. Impera por aquel entonces la dogmática aristotélica a la que se recurre para zanjar la cuestión : no hay Humanidad plena ni libertad natural entre los indios, argumenta el Sepúlveda aristotélico. Contra él, Las Casas tiene otras referencias y gana: el indio es un hombre libre. ¿Y el Negro? Una frase para él, de un ... anacronismo escandaloso, en el impresionante corpus de las luchas del obispo andaluz por los indios: *"¿Los Negros? Es lo mismo que con los indios."* Tan breve y definitivo como eso: igual que el indio esclavizado en su tierra, el negro deportado de otro lugar es un hombre libre. ¿Se nos puede ocurrir avanzar semejante estupidez en un tiempo en que era lisa y llanamente impensable?

Seamos realistas. Cualquiera que sea el clamor general en cada período, siempre hay grandes, pequeños, eminentes o sin grado que se desgañitan hasta reventarse los pulmones gritando a voz en grito su verdad en contra de la opinión imperante. Parsimoniosa, la Historia de los historiadores los escucha cuando quiere. Ella tiene tiempo ...

Ha llegado el momento de escuchar dos pordioseros de nada. Dos capuchinos que, a finales del siglo XVII, se derrengaron por demostrar, fundados en la ley, lo que los sabios del siglo XXI naciente toman por un capricho de cuatro tontos.

Pero primero, dado que el caso está en curso, ¿qué dicen los fiscales en nuestros tribunales al respecto? Es breve, simple e irrevocable: como la trata y la esclavitud han estado en conformidad con la legalidad del tiempo, y que estas prácticas no han contravenido los valores morales de entonces, no hay razón para continuar proyectando a distancia más que secular

129

esos escrúpulos de hoy, que transforman en crimen la vieja e inocente rutina de la navegación, el comercio y el trabajo de anteayer. ¿Alguna vez se alzaron voces contra los excesos de la esclavitud, incluso contra el sistema esclavista? Sea. Pero no hay ninguna que haya agregado a la exigencia de "abolición" una demanda de "reparación", completamente inimaginable. En el tribunal no existen los anacronismos. Cada período tiene su verdad. Por lo tanto, causa sobreseída. Los demandantes son condenados a pagar las costas. Por pura bondad del alma, les ahorramos una multa por "injuria a magistrados", colgamos la toga en el vestuario y nos vamos a casa.

Extracto del capítulo: Palabras finales...

Un documento singular, fechado en Roma el 20 de marzo de 1686, contiene el resultado oficial de la larga lucha librada por dos capuchinos en las Américas, en la Corte española y, finalmente, en la Corte pontificia para que se reconozca:

- la libertad natural de los Negros reducidos a la esclavitud;

- La ilegalidad absoluta de la trata y el mercado del que son mercancías;

- La obligación de la emancipación inmediata y universal de todos los esclavos Negros sin ninguna excepción;

- la obligación de pagarles en su totalidad, a ellos o sus descendientes y derechohabientes, sin limitación en tiempo o número de generaciones, los salarios adeudados por su trabajo;

- la obligación de indemnizarlos a ellos o a sus derechohabientes por el sufrimiento que soportaron y los riesgos mortales incurridos desde el día de su deportación de África o desde su nacimiento en la esclavitud en las Indias Occidentales hasta el de su emancipación.

***

POR EL MISMO AUTOR sobre la trata y la esclavitud de los Negros

•*Le Code Noir ou le calvaire de Canaan* (El Código Negro o el Calvario de Canaán) París, PUF. 1ª ed. : 1987; 12ª ed. : 2012

• *Les Misères des Lumières. Sous la raison l'outrage,* (Las miserias de la Ilustración. Bajo la razón, el ultraje), París, Robert Laffont, 1992, agotado. Reedición corregida y aumentada, París, Homnisphères, 2008

• *L'Afrique aux Amériques. Le Code Noir espagnol,* (África en las Américas. El Código Negro Español), París, PUF, 1992

• *1492. Le choc de deux mondes* (1492. El choque de dos mundos) (en colaboración), Ginebra, La diferencia, 1993

• *La chaîne et le lien. Une vision de la traite négrière* (La cadena y el eslabón. Una visión de la trata negrera) (en colaboración), París, Unesco, 1998

• *Déraison, esclavage et droit* (Irracionalidad, esclavitud y derecho) (en colaboración), París, Unesco, 2002

Las reparaciones, África y el panafricanismo

Por Mame Hulo (Guillabert)

Escritora, Directora de Ediciones Diasporas Noires (Diásporas Negras) Miembro del Movimiento Federalista Panafricano Embajadora África del MIR

Presentación

La primera vez que oí hablar sobre el MIR fue en 2017, cuando el presidente del MIR Martinica, Garcin Malsa, fundador del movimiento, al notar mi fuerte compromiso panafricano, mis libros y conferencias, así como la creación de la editorial Diásporas Negras, quiso que fuera la invitada de honor en el 17° Konvwa Pou Reparasyon en Martinica.

Me sentí muy honrada con esta invitación, y muy conmovida por el compromiso feroz y constante por esta causa del presidente patriarca Malsa, y admito haber recibido una gran bofetada durante este viaje al descubrir una terrible y maliciosa opresión sobre el pueblo martiniqueño, y que de hecho era solo una continuidad, con varias formas más softs de la esclavitud y el Código Negro después de la "supuesta" abolición de la la esclavitud [12] . Es, además, el mismo

---

12 Lea el libro **"Zaïre & Théophile - Pas de pitié pour les nègres"** (Zaire y Teófilo - Sin piedad con los Negros) de Imaniyé Dalila Daniel, quien cuenta cómo este simulacro de abolición ha resultado en el establecimiento del trabajo forzado y el secuestro de Negros libres en las plantaciones so pena de encarcelamiento por vagabundeo si salían de

colonialismo y la misma opresión que perduran con otras formas después de las "supuestas" independencias en casi todos los países africanos llamados "francófonos".

Desde este encuentro memorable, a pesar de mis muchas actividades militantes sobre diversos temas relacionados con el panafricanismo y las cuestiones sociales en África, he estado tratando de llevar mi energía y mi fuerza de convicción al edificio del MIR. Organicé el primer Konvwa Pou Reparasyon en la Tierra de África con el MIR; con la ayuda de mi hermanita de Martinica Myriam Malsa, cien personas viajaron a Gorea en Senegal durante diez días. El MIR Senegal nació en mayo de 2019, creado por jóvenes panafricanistas comprometidos, luego el segundo Konvwa en la Tierra de África tuvo lugar en agosto de 2019 en Benín con su lote de emociones fortísimas...

Gracias a estas acciones del MIR, cada vez más panafricanistas del continente descubren, apoyan y se adhieren a estas reivindicaciones de reparaciones traídas por nuestros hermanos y hermanas africanos descendientes de AFRĒS (AFricanos Reducidos a la ESclavitud, porque la primera de las reparaciones preconizadas por el CIPN El Comité Internacional de los Pueblos Negros, consiste en dejar de llamar "esclavos" a nuestros Ancestros).

---

ellas.

Como editora, tuve la idea de coordinar y publicar este libro colectivo sobre reparaciones para conmemorar el aniversario del 20° Konvwa Pou Réparasyon en mayo de 2020, saludando 20 años de combate del MIR y de su infatigable presidente!

Agradezco infinitamente a todos los contribuyentes que generosamente aceptaron participar en esta aventura militante, así como a Myriam Malsa, miembro del MIR Martinica, que me ayudó enormemente a coordinar este trabajo.

Los crímenes a reparar

Guerras de dominación, razias, masacres, deportación, esclavitud, tortura y atrocidades de todo tipo, colonialismo, neocolonialismo, saqueo económico, racismo epistémico, discriminación, apartheid, envenenamiento en masa, genocidio de sustitución, epistemicidio, negacionismo, revisionismo, etc. ., con consecuencias psíquicas irreparables durante varios siglos y a menudo irreversibles...

Una de estas consecuencias es la terrible alienación de la mayoría de los Africanos condicionados desde la infancia con las mentiras y el complejo de superioridad de sus opresores, educados por su escuela de alienación, su "escuela de rehenes" (nombre dado a la escuela colonial en sus inicios en África, porque estaba destinada a los hijos de jefes y reyes que fueron llevados allí por la fuerza como rehenes por los

134

colonos, y hoy los rehenes son las élites africanas).

"Los colonizados también logran, a través de la religión, ignorar al colono. Por fatalismo, se le quita toda la iniciativa al opresor, la causa de los males, la miseria, el destino es cosa de Dios. El individuo acepta así la disolución decidida por Dios, se humilla ante el colono y se tumba ante el destino y, mediante una especie de reequilibrio interno, alcanza una serenidad de piedra". Frantz Fanon en "Les damnés de la terre" (Los condenados de la Tierra).

Hoy, el Pueblo Negro, en todo el mundo, a pesar de una resistencia innegable, se encuentra en una situación de vulnerabilidad excesiva donde TODO DEBE SER REPARADO, RESTAURADO: su espíritu, su alma, su ADN y su vínculo con sus Ancestros, su espiritualidad, su cultura, su historia, su metodología de reflexión, su relación con la ciencia, su relación con la naturaleza, su filosofía, su autoestima, etc.

Todo lo que había adquirido durante cientos de miles de años, de hecho desde la aparición del hombre moderno (Homo sapiens sapiens) en África y que lo convirtió en el guía más antiguo de la Humanidad en el camino de la Evolución humana ha sido robado, escondido, saqueado, falsificado, borrado A PROPÓSITO de su memoria, pero, aún más grave, de la memoria de toda la Humanidad.

"El negro no sabe que sus Ancestros, que se habían adaptado a las condiciones materiales del Valle del Nilo, son los guías más antiguos de la Humanidad en el camino de la civilización; que ellos fueron los que crearon las artes, la religión (en particular el monoteísmo), la literatura, los primeros sistemas filosóficos, la escritura, las ciencias exactas (física, matemáticas, mecánica, astronomía, calendario ...), medicina, la arquitectura, la agricultura, etc. en una época en la que el resto de la Tierra (Asia, Europa: Grecia, Roma ...) estaba sumida en la barbarie". Alerte sous les tropiques (Alerta en los trópicos), de Cheikh Anta Diop Présence Africaine 2006

Por ello, los criminales contra la Humanidad no solo acosaron al Pueblo Negro, lo esclavizaron, lo humillaron, lo negaron como humano... También cometieron el crimen de epistemicidio. *"Así, el imperialismo, como el cazador de los tiempos prehistóricos, lo mata espiritual y culturalmente primero, antes de tratar de eliminarlo físicamente. La negación de la historia y de los logros intelectuales de los Pueblos Africanos Negros es el asesinato cultural, mental, que ya precedió y preparó el genocidio aquí y allá en el mundo."*

"Creo que el daño que el ocupante nos ha hecho aún no está curado, esa es la raíz del problema. La alienación cultural termina siendo una parte integral de nuestra sustancia, de nuestra alma, y cuando creemos que nos hemos librado de ella, todavía no lo hemos hecho por completo. El combate que nos están librando es uno de los combates más violentos. (...) Se nos niega como ser moral, se nos niega como ser cultural,

no se ve la evidencia, se cierran los ojos, cuentan con nuestra alienación, con nuestro complejo, con el condicionamiento y los reflejos de subordinación y con tantos factores como ese. Y si no sabemos cómo emanciparnos de tal situación por nuestra cuenta, entonces no hay salvación." Cheikh Anta Diop, *Civilisation ou Barbarie,* (Civilización y Barbarie) Présence Africaine, París, 1981.

El sociólogo portugués Boaventura de Sousa Santos usa muy a menudo el término EPISTEMICIDIO en su obra desde 1994 en varios de sus artículos o libros: *"El nuevo paradigma constituye una alternativa a cada uno de estos rasgos. Primero, no hay una sola forma de conocimiento válido. Existen muchas formas de conocimiento, tantas como las prácticas sociales que las generan y las sostienen. La ciencia moderna se apoya en una práctica de división técnica profesional y social del trabajo y en el desarrollo tecnológico infinito de las fuerzas productivas de las cuales el capitalismo es el único ejemplo en la actualidad. (...) El genocidio que tan a menudo caracteriza la expansión europea también fue un epistemicidio: eliminamos a pueblos extraños porque también tenían igualmente formas extrañas de conocimiento y eliminamos estas formas extrañas de conocimiento porque se basaban en prácticas sociales y pueblos extraños. Pero el epistemicidio ha estado mucho más extendido que el genocidio porque siempre pretendió subalternar, subordinar, marginar o ilegalizar prácticas y grupos sociales que podrían constituir una amenaza para la expansión capitalista, o, durante una buena parte de nuestro siglo ,para la expansión comunista (en este punto, tan moderno como el capitalismo), y también porque sucedió tanto en el espacio periférico y extra-norteamericano del sistema mundial como en el espacio centro-europeo y norte-americano, contra los trabajadores, los indígenas, los Negros, las mujeres y las minorías en general (étnicas, religiosas, sexuales).*

El nuevo paradigma considera al epistemicidio como uno de los grandes crímenes contra la Humanidad".

Su objetivo era borrar sus motivaciones, las pruebas, minimizar sus responsabilidades tanto como fuese posible, falsificar memorias, negando la Humanidad del Pueblo Negro, declarándolo maldito por Dios, designándolo como activo y corresponsable de su propia desgracia.

Así pues, falsificaron la Historia antes, durante y después de sus crímenes, para aniquilar y complicar cualquier posibilidad de identificación de estos crímenes, de sus motivaciones, sus responsabilidades, de los prejuicios y las reparaciones apropiadas, ¡su objetivo era crear una SITUACIÓN IRREPARABLE, CRÍMENES PERFECTOS NUNCA CASTIGADOS!

Estaban a punto de lograr estos objetivos, pero fue sin contar con la extraordinaria combatividad del Pueblo Negro a lo largo del tiempo, que a pesar de su estado general de vulnerabilidad como pueblo oprimido y dominado durante siglos, se encuentra hoy en día en vías de recuperar su patrimonio histórico y espiritual gracias principalmente al gran y valiente científico Cheikh Anta Diop y a sus discípulos historiadores africanos cada vez más numerosos; este pueblo está en proceso de renacimiento a pesar de estos largos siglos de esclavitud, atrocidades, falsificaciones y mentiras en todos los campos.

Este milagro de la resiliencia, sin lugar a dudas, se debe en gran parte al movimiento panafricano, a sus muchos líderes en todos los continentes y a todos nuestros Ancestros resistentes conocidos o anónimos, en todo el mundo y a través del tiempo...

Observo que, según el Sesh Coovi Rekhmiré, uno de los más grandes eruditos Kemitólogos, discípulo de Cheikh Anta Diop, iniciador de la Universidad Panafricana de Conocimientos, el concepto de panafricanismo data del Antiguo Egipto y del faraón Naré Mari (Narmer) y se llamaba "Sematawy", el proceso de la reunificación de Kemet.

"Apenas veo otros ejemplos en la historia de semejante fuerza de carácter, de semejante coraje, de semejante fe en un pueblo que, víctima de semejante opresión tan totalmente inhumana, no solo ha salvado, sino que ha hecho florecer su cultura en tierra extranjera." Jean Ziegler (1980: 79) en la Revue Ethiopiques (Revista Etiópicas)
http://ethiopiques.refer.sn/spip.php?article1789

¿Hay que reparar?

Muchos africanos en el continente y en la diáspora creen que las reparaciones, de cualquier tipo, exigidas a los criminales contra la Humanidad, no pueden reparar la inmensidad y la magnitud de los perjuicios sufridos a lo largo de los siglos. O que no podemos rebajarnos a pedirles, mendigarles, un reconocimiento o reparaciones por sus crímenes. O, incluso que es una traición monetizar los inmensos sufrimientos de nuestros Ancestros ... Etc ...

Más allá de los argumentos comprensibles de unos y otros, más allá de la impotencia de un pueblo dominado frente a quien le sigue dominando, una y otra vez desde hace siglos, esta impotencia frente a su desprecio no debe, en ningún caso, impedir esta fuerte y valiente demanda de justicia y reparación por la dignidad humana, incluso si eso significa gritar en el desierto, pues el objetivo es de no dejarlos dormir tranquilos en sus tribunales autistas, porque este grito tarde o temprano encontrará un eco en su conciencia parapetada. Es más, su reconocimiento de sus crímenes como crímenes contra la Humanidad se produjo, tardíamente, con las exigentes embestidas de los militantes Negros... las reparaciones seguirán este mismo camino inexorablemente, tarde o temprano, sobre todo cuando los criminales contra la Humanidad fueron, ellos, "reparados" tras la "supuesta" abolición de la esclavitud.

Incluso si el Pueblo Negro todavía está dominado, esta demanda de justicia debe abrirse camino y volver con el paso

140

del tiempo como un leitmotiv ¡siempre y cuando no se cumpla! Si los occidentales desprecian esta exigencia, llegará ese momento en que el Pueblo Africano de nuevo soberano, creará sus propios tribunales para juzgar a los criminales contra la Humanidad, para FINALMENTE resolver estos crímenes atroces y restablecer la Armonía para toda la Humanidad…¡Esto es una exigencia urgente que va más allá del futuro de solamente el Pueblo Negro.

Como dice Frantz Fanon en "Les damnés de la terre" (Los condenados de la tierra): *"la gran confrontación no puede posponerse indefinidamente"*.

La reparación, una sabiduría ancestral africana para restaurar la Armonía.

Desde los albores del tiempo, el concepto de justicia en África Negra siempre ha estado acompañado por el concepto de reparación. Estas reparaciones deben ser arbitradas, pronunciadas, propuestas a las víctimas, aceptadas por los criminales, para poder lograr un retorno a la paz, a la armonía y por qué no a la reconciliación.

En la presentación del libro **"Pouvoir et justice dans la tradition des Peuples Noirs - Philosophie et pratique"** (Poder y justicia en la tradición de los Pueblos Negros - Filosofía y práctica) ed. Harmattan, por Fatou Kiné Camara, Doctora en Derecho, profesora-investigadora en la Facultad de Derecho de la Universidad de Dakar, discípula del profesor Cheikh Anta Diop, podemos leer esto:

"¿Podemos contentarnos con ver en la justicia solo una máquina para distribuir penas y castigos? En la concepción Negro-Africana de la justicia, juzgar no es condenar, es asegurarse de restablecer la armonía rota."

Luego, en la página 48 del libro en el capítulo "la justicia hija del Bien":

"¿Quién puede negar aún el notable avance del derecho penal Negro-Africano en materia de humanismo y racionalidad? La ley del Talión, tan apreciada por ciertas civilizaciones, solo es válida en África Negra en tanto en cuanto permita a la persona responsable saber a qué está expuesta si no paga daños y perjuicios a su víctima. De hecho, hemos citado ejemplos, la mayoría de estas penas se reducían a una, la reparación financiera o en especie. En cuanto a los castigos corporales previstos en el Derecho penal Negro, solo se establecen como medida conminatoria. Solo se utilizan para evaluar el monto de la indemnización adeudada.

Reparación, pena que sustituye a todas las demás.

Intimación de elegir entre una compensación financiera o en especie (reses, por ejemplo) o bien sacarle un ojo a quien le había sacado el suyo, la víctima no duda mucho tiempo. Tanto menos duda que ha estado imbuida desde la infancia por una omnipresente moral en cuentos, proverbios, canciones, arte pictórico, etc. que condena, ridiculizándolo,

142

este tipo de comportamiento. Estigmatizada por ser el hecho de alguien estúpido y cruel, la venganza simplemente se tolera y se desaconseja firmemente. La enseñanza del sabio Africano es que la venganza es estéril."

También encontramos en este libro *"Pouvoir et justice dans la tradition des Peuples Noirs"* (Poder y justicia en la tradición de los Pueblos Negros) (página 53, capítulo "Justicia la hija del bien"), que el concepto de reparación se puede resumir en esta frase de Olawale Elias, nigeriano, catedrático de derecho y doctor en Filosofía :

"El derecho Africano es un derecho destinado a preservar el equilibrio social y la armonía en la comunidad, mientras que el derecho europeo en general es claramente un derecho de sanciones. (...) La idea que está en el centro del derecho Africano es una idea de compensación y no de castigo ".

Otro jurista Africano, el marfileño T. Ehui resalta con insistencia esta diferencia significativa entre los fundamentos de las jurisdicciones occidentales y Africanas (página 54, capítulo "Justicia la hija del Bien"):

"El objetivo principal del juicio en las sociedades Africanas tradicionales era conciliar al culpable y la víctima. En este sentido, se buscaba sobre todo indemnizar a la víctima y hacer que el delincuente sea consciente de la gravedad de su acto. Por lo tanto, la conciliación funcionaba desde un triple punto de vista, la reconciliación del delincuente consigo mismo, del delincuente con la víctima, del delincuente con la sociedad..."

143

Finalmente, tengamos en cuenta esta notable conclusión

"La finalidad de los juicios: la restauración de la armonía; Si hay un valor en el corazón de las civilizaciones Negras, es la Armonía, todos los medios son buenos para instaurarla, preservarla y restaurarla cada vez que se tambalea ... Los jueces no están ahí para castigar, sino para ayudar a establecer la verdad, condición previa a la reconciliación de los adversarios y a la reparación de los trastornos sociales que el conflicto ha desvelado."

Agradezco a Fatou Kiné Camara, mi hermana y amiga, la autora de este libro ***"Pouvoir et justice dans la tradition des Peuples Noirs - Philosophie et pratique"*** (Poder y justicia en la tradición de los Pueblos Negros: filosofía y práctica) ed. Harmattan, por haber aceptado ser ampliamente citada en este texto y por haberme proporcionado extractos de su trabajo.

¡El Panafricanismo, la herramienta suprema de autoreparación del Pueblo Negro!

"Todas las personas de ascendencia Africana, aunque vivan en América del Norte o del Sur, en el Caribe y en cualquier otra parte del mundo, son Africanas y pertenecen a la nación Africana". Dijo Kwame Nkrumah, ex presidente de Ghana y uno de los padres del panafricanismo.

"El destino de todas las personas Negras en cualquier parte del mundo está vinculado a África. En tanto que África no sea respetada, los Negros no serán respetados", añade Nana Akufo Addo, actual presidente de Ghana.

"Hay una personalidad Africana que es común a todos los hombres, todas las mujeres de raza Negra; esta personalidad contiene valores específicos de sabiduría, inteligencia, sensibilidad. Los Pueblos Negros son los pueblos más antiguos de la tierra. Están condenados a la unidad y a un futuro común de poder y gloria. Como consecuencia, esta ideología panafricana rechaza cualquier idea de asimilación, de integración en el universo del dominador. Esta ideología de rechazo de toda asimilación es una fuerza motivacional de extraordinario poder. La historia retiene que el movimiento nacionalista africano adquirió una amplitud extraordinaria a raíz del panafricanismo". (Jean Ziegler, 1980: 78).

La reparación suprema que trae el panafricanismo es la UNIDAD de los Pueblos Negros, su solidaridad fraternal, cultural y política y, si es necesario y deseado, el retorno legítimo a su continente de origen, su Madre Tierra.

Para ello, los Africanos de todos los países deben luchar por la reunificación, la creación del Estado Federal de los Estados Africanos Unidos (Estados dentro y fuera del continente africano).

Además, a partir de ahora, los países Africanos del continente tienen el deber imperativo de establecer lo antes posible un dispositivo de acogida de los descendientes de los deportados Africanos de todo el mundo, a semejanza de Ghana, para darles la nacionalidad sin ninguna condición, y para otorgarles gratuitamente tierras, medios logísticos y asistencia fraterna con el fin de que se establezcan a su demanda y donde lo deseen.

EL LLAMAMIENTO DE ÁFRICA A SUS HIJAS E HIJOS

Este llamamiento proviene del fondo de las entrañas
Del fondo de las edades, de la eternidad
Del fondo de los tiempos atormentados
Del fondo de siglos heridos y sangrientos
Y de todos estos años de soberanía violada ...
África OS llama, sí VOSOTROS, y a VOSOTROS también...
A TODOS NOSOTROS

Venid dice ella
VOSOTROS, hijos míos, venid a liberarme
No me dejéis maltratar, saquear, doblar
No me dejéis más que me violen y violenten
No me dejéis más que me destruyan y sobornen
A mí, a mí, mis queridos hijos
Los que están a mi lado
Los que están lejos, pero cerca de mi alma

Aquellos que están perdidos en los fríos meandros enemigos
Los que son justos, los que son traicioneros, los que son viles
Aquellos que están cansados, aturdidos, desangrados y solo
quieren dormir…

Despertad, despertad
Recobrad el dominio de vosotros mismos
¡DE PIE mis hijos, DE PIE!

Venid a la fuente de mi Humanidad
Venid a revitalizaros en mis profundas raíces
Venid a regeneraros en mi espiritualidad ancestral
Venid a sentaros junto a mi fuego sagrado
Venid a la sombra de mi generosa naturaleza

Yo soy la Madre Tierra y soy la abundancia
Mis pechos aún son jóvenes y mi leche suculenta
Mis cascadas brotan refrescantes y embriagantes
Mis piedras preciosas brillan en el fondo de todas mis
cavidades

Todo esto será por fin vuestro, porque lo guardé para vosotros
Mi riqueza no tiene límites a pesar de todos los saqueos
Mi riqueza es vuestra gran fuerza a pesar de las esclavitudes
Mi riqueza es vuestra sonrisa a pesar de todas las dificultades
Mi riqueza es vuestra hermosa alma a pesar de las
perdiciones

Sois SERES ENORMES
Vestiros, por fin, con vuestra magnificencia
Recuperad vuestro potencia

OS estoy esperando, yo NOS espero ...
DE PIE mis hijos DE PIE libres de cadenas
IMPULSAD EL RENACIMIENTO AFRICANO, CADA UNO
¡¡¡TODOS, JUNTOS, UBUNTU, UNIDOS, POR FIN !!!

Mame Hulo

Este poema que escribí a finales de 2014 se ha convertido en el poema oficial del Movimiento Federalista Panafricano del que he sido miembro activo desde 2015 y que tiene comités en todo el mundo http://etatsafricainsunis.org/

Humanismo africano, el concepto de UBUNTU: "Soy porque somos"

Para realizar este sueño de unidad, tenemos a nuestra disposición un concepto excepcional, derivado de nuestra sabiduría ancestral, el concepto de UBUNTU que encuentra su origen en los idiomas bantúes.

Ubuntu significa "Soy porque somos" o "Soy lo que soy, porque todos somos". Una persona de Ubuntu está abierta y disponible para las otras porque tiene conciencia de que

148

pertenece a algo más grande.

¡Digamos que es una responsabilidad social y humana al estilo Africano que incluye a todos los seres humanos, incluidos los criminales contra la Humanidad!

De ahí esta exigencia de restauración de la Armonía en el seno de la Humanidad con un concepto de reparaciones y no de sanciones y castigos para los criminales.

Aquí está el humanismo europeo según Frantz Fanon, en Los Condenados de la Tierra (1961): *"Esa Europa que nunca ha dejado de hablar del hombre, que nunca ha dejado de proclamar que sólo le preocupaba el hombre, ahora sabemos con qué sufrimientos ha pagado la Humanidad cada una de esas victorias de su espíritu."*

Algunos artículos tomados de LA CARTA DE MANDÉN o Carta de Kurukan Fuga de 1222 en el Imperio de Mali:

En términos de humanismo universal, África fue la primera en 1222 en proclamar una Declaración Universal de Derechos Humanos a través de **la Carta de Mandén o la Carta de Kurukan Fuga** en el Imperio de Malí.

Artículo 1 : *"Toda vida [humana] es una vida. Es cierto que una vida aparece antes que otra vida. Pero una vida no es más "anciana", más respetable que otra vida. Así como una vida no es superior a otra vida."*

149

Artículo 2: *"Toda vida siendo una vida, cada daño causado a una vida requiere reparación. Por consiguiente, que nadie incrimine a su vecino sin fundamento, que nadie haga daño a su vecino, que nadie martirice a su prójimo.*

"Artículos 5: *"El hambre no es nada bueno; la esclavitud no es nada bueno; No hay peor calamidad que esas cosas. En este mundo terrenal, mientras mantengamos el carcaj y el arco, el hambre no matará a nadie en el Manden, si por casualidad ocurriera una hambruna. La guerra nunca más destruirá una aldea en Mandén para sacarle esclavos. Esto significa que desde ahora nadie colocará el freno en la boca de su prójimo para ir a venderlo. Nadie será golpeado tampoco, y mucho menos ejecutado porque es el hijo de un esclavo."*

Artículos 6 : *"La esencia de la esclavitud se extingue hoy "de un muro a otro" del Mandén. La razia queda prohibida desde hoy en el Mandén. Los tormentos nacidos de estos horrores terminan desde este día en el Mandén. ¡Qué terrible prueba, el tormento!, especialmente cuando los oprimidos no tienen ningún recurso. ¡Qué degradación, la esclavitud! El esclavo no tiene ninguna consideración en ninguna parte del mundo."*

¡Volvamos a nuestra sabiduría ancestral Africana!
¡EXIJAMOS REPARACIÓN!

Lanzistisman por una reparación global en La Reunión

Por Philippe Bessière

POR el Komité Rényoné Panafrikin & MIR Reunión

Franswa Sintomèr nos dejó demasiado pronto.[13] Era conocido, entre muchos de sus talentos, como creador de palabras. Forjó así el concepto de *lanzistisman*, difícil de traducir, pero que se puede entender por la perífrasis de una refundación sobre la base de la justicia. Es el proceso lento pero profundo de esta exigencia que intentaremos investigar. La idea de las reparaciones por los crímenes del pasado se impuso por primera vez en la esfera privada, con las consecuencias psicológicas y los traumas transgeneracionales. Pero sabemos que no podemos hacer justicia por nosotros mismos. Las voces individuales se volvieron más numerosas, más vehementes, lo que desembocó en reivindicaciones y como consecuencia la cuestión se hizo social, involucrando a los sindicalistas. Pero la complejidad de los problemas planteados y su incapacidad para ser abordados por las instituciones académicas y

---

13 Véase su retrato por Gilles GÉRARD, *"Franswa Sintomer, lo maronèr. Les combats d'un militant culturel réunionnais"* (Franswa Sintomer, lo maronèr. Las luchas de un activista cultural de La Reunión), prefacio de Mark, Nadia y Sharl Saint-Omer, París, L'Harmattan, 2017, 118 p.

políticas desanimaron la acción social colectiva. Efectivamente, es el papel del político cuidar de la polis (la ciudad). La declaración lírica de Paul Vergès en el Senado no tuvo consecuencias.[14]

Podremos esperar responder al llamamiento de Franswa si desarrollamos un ambicioso proyecto con todas las partes interesadas. Este artículo pretende presentar sin florituras el estado de la cuestión conocida como "reparaciones por los crímenes de la trata negrera y la esclavitud" en La Reunión, siguiendo su itinerario lo más fielmente posible, sin omitir los frenos y los escollos encontradas en camino.

La Reparación a través de la historia o la construcción de una conciencia histórica.

Poco después de las manifestaciones que acompañaron el 150 aniversario de la abolición de la esclavitud en las colonias francesas, se procedió a un ajuste en los programas de historia escolar. En el congreso de la FSU (Federación Unitaria de Sindicatos, mayoritaria entre los docentes de secundaria), defendí una moción de inspiración regionalista:

---

14 La declaración de Paul Vergès es bien conocida: "Somos un pueblo nacido de un crimen de lesa Humanidad". Intervención en el Senado reproducida en Témoignages (Testimonios) del 25 y 26 de marzo de 2000. Paul Vergès acumulaba en esa fecha las funciones de presidente del PCR (Partido Comunista de la Reunión), de la Alianza (un cartel de partidos y personalidades políticas) y de la Región de La Reunión.

"Desde el comienzo del año académico 2000, se ha realizado una adaptación para permitir el aprendizaje de la "historia local". Si la intención puede parecer loable, resulta que este concepto no tiene coherencia, lo que plantea nuevos problemas. Así :

El estudio de las civilizaciones madres continúa privilegiando el centrismo europeo. En particular, África y Madagascar son evacuados, lo que no nos permite comprender los procesos de colonización.

La historia de la isla sigue sirviendo todavía solo como pretexto, lo que prohíbe cualquier coherencia.

El estudio de la Trata es solamente opcional cuando debería estar en el centro de las problemáticas.

Los vínculos entre lo regional y lo nacional no se hacen explícitos, ya que el énfasis se pone deliberadamente en el abolicionismo. En la práctica, se han puesto a disposición pocos recursos. En particular, debemos deplorar la ausencia de un manual. Por otro lado, es difícil ver el lugar reservado para la "historia local" en los exámenes.

Propuestas.

La historia regional debe ser reconocida como tal con su propia coherencia y un horario asignado para impartirla. Ya no debe considerarse como una desventaja, sino como una riqueza para permitir:

El diálogo entre culturas de origen tal como se practica en la isla. El conocimiento de los procesos de creolización cultural.

La afirmación de una personalidad regional como respuesta a

154

la crisis de identidad que afecta la educación y el desarrollo.

La apertura a la región geográfica como preludio de una verdadera cooperación regional.

Una nueva relación con la Metrópolis en la que la Región recuperaría su papel de actor. La historia regional debe estar vinculada a las historias nacional e internacional.

Una pedagogía de reparación por los graves perjuicios causados por la trata, la esclavitud servil y el racismo."[15]

Veinte años después del fracaso de esta moción, nada ha cambiado en la Educación Nacional. Cada maestro hace lo que cree conveniente. Las reglas de mutación no han cambiado. Una generación de reunioneses ha sido "educada" en la ignorancia y la mentira. Hoy nos preguntan: *Kisa nou lé?[16] "Crecimos aprendiendo de la historia de Francia, pero casi nada de la de nuestra isla. Más allá de la hermosa postal y los anuncios turísticos que veía regularmente en los pasillos del metro de París, descubrí durante mi investigación que La Reunión esconde un pasado pesado, que ha dejado su huella incluso hoy."[17]* Esta generación tiene un sentimiento de

---

15 Moción presentada en nombre de la tendencia Nueva Escuela Reunionesa. Recibió 19 a favor, 25 en contra, 10 abstenciones y una negativa a votar. El dirigente histórico de la FSU, Raymond Mollard, tendencia Unidad y Acción y también asesor regional de la Alianza de Paul Vergès, declaró que no tuvieron tiempo para pensar en ello. Este congreso se celebró en Sainte-Marie en diciembre de 2000.

16 Kisa nou lé - Reflexiones sobre la identidad reunionesa, película de Sébastien CLAIN, 2019, 123 minutos, CNC, catálogo de videos por pedido.

17 www.film-documentaire.fr, consultado el 9/03/2020.

revuelta por haber sido educada en el disimulo y el engaño. El Sr. Macron debería preocuparse del "sentimiento antifrancés" entre un número creciente de jóvenes reunioneses.

En septiembre y octubre de 2003, la asociación Rasine Kaf organizó un ciclo de conferencias-debates, en toda la isla, sobre el tema de las reparaciones debidas por la esclavitud y la Trata. La inauguración en Saint Paul estuvo dedicada a la historia. En efecto, sin este conocimiento, estas reivindicaciones, por muy legítimas que sean, no pueden fundamentarse. Mi discurso ofreció un panorama general de varios países a la vanguardia de esta lucha. Luego me cuestionaba sobre el armamento ideológico capaz de llevar esta demanda y darle la fuerza que tanta falta le hace.

"La única forma que abre perspectivas es la de un movimiento social, democrático y moderno capaz de enfrascarse tanto en los campos culturales como sociales o políticos, sin renunciar a su independencia. Un movimiento capaz de conjugar la libertad personal y la de grupo, capaz de dialogar con otros componentes. El nombre que parece imponerse, casi único para este movimiento, es el de cafritud, considerando que la negritud ha sido una respuesta a la trata negrera, pero que no ha respondido a la cuestión cafre.[18]

La Cafritud tendrá que ser estoica para afrontar la historia. No

---

18 No se habla de "Negro" en el Océano Índico, donde la trata oceánica se remonta al siglo VIII. Los "Cafres" son los esclavos arrancados al continente Africano, pero también hubo "Malbars" del sur de la India, "malgaches" y "malayos" que fueron esclavizados. Por último, hubo un gran contingente de Africanos como trabajadores no abonados.

debería tratar bien ninguna religión ni ningún poder. Tendrá que estar completamente desencantada y por esta razón (si seguimos a Max Weber) completamente moderna. Apuntará a reparar el humanismo y para eso se esforzará por hacer valer los derechos históricos de los Cafres.

Desde un pasado roto, no queremos hacer un horizonte quebrado. La verdadera reparación es una que vale para el futuro. Los esclavizados que lucharon por la libertad no desmentirían esto. Nos dejan este lema: ¡el deber de la libertad!"[19]

Sin embargo, lo que faltaba en mi propuesta era la forma de construir esta conciencia histórica. La ideología, la filosofía sobre la historia, no son suficientes para unir a un colectivo. Es necesario volver a conectar el presente con los orígenes, para comprender las cadenas causales que lo componen. Y ello para volver a encontrar continuidad y poder darle un sentido. Y al hacerlo, se desenmascara a la historia colonial ya que postula que los colonizados no tienen historia. Las certezas y valores derivados de la dominación (mental en este caso) se ponen en tela de juicio. De ahí un comienzo, una nueva lectura, una reapropiación de la historia. La "historia regional" no es capaz de hacer esta ruptura radical. Solo la historia panafricana es coherente con este enfoque. De ahí la importancia de releer las tesis formuladas hace 50 años por Cheik Anta Diop: *"No se trata de crear una historia más bella*

---

19 Philippe BESSIERE, "La Reunión: ¿qué reparación? ", Conferencia en Saint-Paul el 20/09/2003 para el ciclo de conferencias-debates "Démounaz lesklavaz: ¿qué reparación?" Organizado por la asociación Rasine Kaf.

que la de los demás, para impulsar moralmente al pueblo durante el período de la lucha por la independencia, sino de partir de la idea obvia de que cada pueblo tiene una historia. Lo indispensable para que un pueblo oriente mejor su evolución es conocer sus orígenes, cualesquiera que sean. Si por casualidad nuestra historia es más bella de lo que esperábamos, eso es solo un detalle feliz que no debería interferir una vez que hayamos proporcionado suficiente evidencia objetiva. "(...)" El pueblo ve lo que es sólido y válido en sus propias estructuras culturales y sociales, en su pensamiento en general; También se da cuenta de lo que en consecuencia no ha resistido la prueba del tiempo. Descubre el alcance real de sus préstamos, ahora puede definirse positivamente a partir de criterios indígenas no imaginados, sino reales. Tiene una nueva conciencia de sus valores y puede definir ahora su misión cultural, no apasionadamente, sino de manera objetiva; como ve mejor los valores culturales, es más apto, teniendo en cuenta su estado de evolución, a desarrollar y aportar a los otros pueblos.[20]

Y después de la relectura, nos queda adaptar la reutilización de estas tesis a otra época, y en diferentes escalas históricas y geográficas, y a partir, sin duda, de esta simple proposición capaz de volver a poner la historia en su lugar: La Reunión no es parte de la historia de Francia, sino que es Francia la que vino a armar alborotos con historias en una isla Africana.

---

20 Cheikh Anta DIOP, *Nations nègres et culture* (Naciones Negras y Cultura), París, Présence africaine, 1954, pp 9-10 y p. 19

La reparación religiosa.

La responsabilidad de la Iglesia Católica fue claramente expuesta por Reynolds Michel:

"El deber de reparación se impone a la Iglesia en virtud de su propia teología moral una vez admitida su responsabilidad. De ahí el compromiso de las Iglesias cristianas de Sudáfrica en la lucha por la reparación. Porque sin reparación y desarrollo económico, no hay, dicen, ninguna reconciliación.

El hecho de que la Iglesia que está en La Reunión haya decidido aportar su contribución para demandar que la esclavitud sea declarada "crimen de lesa Humanidad" (Mons. Gilbert Aubry) implica, nos parece, que ella acepta contribuir a la reparación de este crimen asumiendo completamente su responsabilidad moral. En cualquier caso, este es mi deseo.

En la isla de Mauricio, un grupo de sacerdotes tomó recientemente la iniciativa de lanzar un Movimiento Nacional por la Reparación (MNPR), que se inscribe en la campaña internacional de movimientos de reparación. La gran masa de criollos, descendientes de esclavos, soporta las múltiples secuelas de lo que está a punto de ser calificado "crimen de lesa Humanidad" por la Oficina del Alto Comisionado de las Naciones Unidas para los Derechos Humanos"... esa es la razón, dicen, este movimiento *"cuyo objetivo es informar, sensibilizar, crear conciencia, dinamizar ... a toda la sociedad mauriciana para trabajar por una obra de justicia con los descendientes de esclavos"* (Declaración del 8 de agosto de 2003).

159

"La reparación puede tomar muchas formas. No es solo económica, como se ha dicho aquí y allá. La Iglesia puede encontrar su lugar junto con otras fuerzas vitales en este país para aportar su propia contribución a esta reparación articulándola en un trabajo de memoria y un trabajo de duelo. Puede comenzar ya a poner de relieve los nombres de los esclavos que trabajaron en la construcción de nuestras catedrales y junto a Monnet, Levavasseur, Joffard, Scubilion y otros, y aportar su contribución a la financiación de proyectos en los barrios donde se encuentran principalmente aquellas y aquellos que más sufren las consecuencias de la esclavitud con miras a una mejor convivencia de todos los componentes de la sociedad reunionesa." [21]

Hay que reconocer que la diócesis no se lanzó por este camino. Esta deserción, después de la de los partidos políticos, pesa mucho sobre el cierre en el espacio público de la cuestión de las reparaciones debidas por la trata y la esclavitud. Lo mismo con el grupo interreligioso donde se encuentran hindúes, judíos, católicos y musulmanes. Tanto como la Iglesia Católica, el Islam tiene, a pesar de todo, responsabilidades en la trata en el Océano Índico. Todos

---

21 Reynolds Michel, *"Église et esclavage: quelle réparation?"* (Iglesia y esclavitud: ¿qué reparación?), Comunicación en Sainte-Suzanne el 11 de octubre de 2003, para el ciclo de conferencias-debates "Demounaz lesklavaz: ¿qué reparación?" Organizado por la asociación Rasine Kaf. Reynolds Michel es un sacerdote católico, líder del CDPS y después de su disolución, fundador de EPI (Entente Pour l'Interculturel) (Concordia por lo intercultural)

participaron en la demonización del animismo y del culto a los Ancestros.

La asociación MIARO[22] es la primera en hacer campaña para sacar el culto de los Ancestros malgaches [23] de su confinamiento a clases privadas para practicar ceremonias en plena luz del día y abiertas a todos. Desde 2004, en la meseta Dimitile[24], se celebra Atidamba, *"un ritual que pretende honrar la memoria de los Ancestros malgaches que descansan en la tierra de La Reunión, así como la de todos los cimarrones que no recibieron honores fúnebres ni sepultura. Se viste con una mortaja blanca la estela dedicada a la Reina Sarlave, el Rey Laverdure y el vigilante Dimitile, símbolos de la resistencia de los cimarrones a la trata negrera y la esclavitud."* [25]. MIARO también reivindica el establecimiento de un lugar de culto en la parte baja de la isla, dedicada igualmente a proporcionar información sobre las prácticas y la difusión de la cultura malgache.

En general, se debe enseñar la espiritualidad africana, lo que propone hacer el Kolektif Vanina Galais-Férard[26] organizando

---

22 Palabra polisémica malgache que significa al mismo tiempo "defender", "valorizar", "mezclarse con".

23 El servis zansèt en La Reunion asocia a menudo el culto a los Ancestros malgaches y africanos.

24 Dimitile significa "vigilante" en malgache. El responsable de esta función era un jefe cimarrón .

25 7lameslamer.net, consultado el 9/03/2020.

26 Lleva el nombre de una joven asesinada en mayo de 2018. Fue su madre Noëline quien inició el Kolektif, que no solo lucha contra los

una escuela para la cual solicita el apoyo de los funcionarios electos. El kolektif realizó un recorrido por los ayuntamientos de la isla para crear conciencia sobre su proyecto.[27]

La resistencia religiosa a la esclavitud ha jugado un papel muy importante restituyendo un espacio sagrado a la persona, preservando los gestos rituales y las creencias que nos han sido transmitidas. El sincretismo de las prácticas ha producido una religión popular[28] que es una riqueza patrimonial y un recurso esencial en la reconquista de la identidad.

La reparación psicológica

La periodista Estéfany informó en Testimonios del 1 de junio de 2004 acerca de un foro inter-asociaciativo sobre victimología que se había celebrado en Saint-Denis los días 21 y 22 de mayo. Sobre la reparación de la esclavitud, Jean-Loup Roche, psicólogo y vicepresidente de ARIV (Antena Reunionesa del Instituto de Victimología) plantea el problema de las violencias intrafamiliares y del vecindario: *"He verificado con mi trabajo que, muy a menudo, los jóvenes delincuentes están privados de sus padres. Pueden estar físicamente*

---

feminicidios, sino contra toda la violencia provocada por la deculturación y la desestructuración de la sociedad reunionesa.

27 Entrevista con Noëline Férard en Témoignages (Testimonios) del 7 de marzo de 2020.

28 Prosper ÈVE, "La religion populaire à La Réunion" (La religión popular en la Reunión), Instituto de Lingüística y Antropología de la Universidad de La Réunion, 1985, 167 p.

presentes, pero no brindan ningún apoyo a sus hijos. Por lo tanto, hay una ausencia de un punto de referencia masculino estable y la afirmación pasa por el modo transgresivo." Y Estéfany continúa: *"Cuando una víctima no tiene un punto de referencia de resiliencia, una ayuda para ayudarlo a superar su sufrimiento, puede entrar en un proceso de "sobrevictimización", en relación con una dolorosa historia colectiva, la de la esclavitud (y los testimonios durante el foro lo confirmaron)."*

Esta observación es consistente con aquella, mucho más explícita, que Jean-Pierre Cambefort, quien tiene dieciocho años de práctica en educación especial en La Reunión como psicólogo educativo, establecía con motivo de una conferencia-debate organizada por *Rasine Kaf: "El esclavo, como no es una persona, que ha cambiado su nombre, (...) ya no tiene vínculos de linaje con sus descendientes. Este es un punto que me parece extremadamente importante por las consecuencias que tiene sobre la organización psicológica de la familia. El padre ya no tiene derecho a transmitir su nombre. Como lo especifica el Código Negro, el padre ya no tiene derecho a reconocer a sus hijos. Esto para mí tiene enormes consecuencias. Significa que en la organización familiar, las imágenes parentales, el padre y la madre ya no son complementarias. El hombre ya no transmite a sus hijos lo que se llama capital simbólico, es decir, las raíces simbólicas, su lenguaje, la memoria de los Ancestros. Frente a los niños ya no representa al padre como un tercero en la relación del niño con la madre. Y es (eso es extremadamente importante) desposeído también de su capacidad de reproducción [por la violencia de los contramayorales, amos o blancos de paso].[29] Todos estos niños fueron de hecho el resultado de la violencia conocida como el "ataque de filiación". La paternidad ha sido impedida, no se ha transmitido la imagen del padre y del hombre."[30] Y concluye: "la reparación también implica la restauración de la familia."[31]*

Entendemos que los psicólogos no pueden ser suficientes para una tarea de semejante magnitud. Para resolver un problema social, todas las instituciones deben ser movilizadas. Y para eso, sería conveniente que después de haber sido víctimas de la historia, los reunioneses descendientes del esclavismo no sean víctimas de la negación de la historia, lo que Estéfany señaló en el artículo citado anteriormente: *"No encerrarse en una visión fatalista, sustentada por la negación de la historia. (...) Debemos cesar, cuando se señala con el*

---

29 Me tomo la libertad de modificar los comentarios orales de Jean-Pierre Cambefort que yo mismo transcribí por escrito. De hecho, habla de "la bastardización de la raza hecha posible por los contramayorales que descartaban a los padres". Por un lado, ya no entendemos de qué padres está hablando. Por otro lado, parece que no tiene en cuenta que los contramayorales también eran esclavos negros. Dicho esto, una palabra de maloya confirma lo que Jean-Pierre Cambefort denuncia: "Marizane lété mon fanm / Komanèr la fini ralé / Na lé rodé, na lé rodé / Na lé rodé in fanm pou twe!" "Mi traducción: "Mi esposa era Mari Juana / Pero el contramayoral la tomó para él / Te vamos a buscar, te vamos a buscar / ¡Te vamos a buscar otra compañera! "

30 Démounaz lesklavaz: ¿Qué reparaciones? Ciclo de cuatro conferencias-debates organizados por Rasine Kaf

31 *Témoignages* (Testimonios) del 29 de septiembre 2003.

dedo el problema del reconocimiento de la historia del esclavismo reunionés, de mirar el dedo a expensas del problema[32]

Ghislaine Bessière ha analizado bien el problema de las disfunciones funcionales de las familias y las transmisiones intergeneracionales que causan: *"La sociedad reunionesa funciona con códigos: el hombre en edad de casarse debe buscar primero un refugio para fundar su familia, de la misma manera que el comorense debe construir su banga para vivir su sexualidad. Él es quien tiene que traer el dinero a casa y alimentar a su familia. Esta función que recae en el hombre, la mayoría de los jóvenes de la clase popular ya no pueden asumirla, simplemente porque ya no se cumplen las condiciones para permitirle adecuarse con su cultura profunda y su deber moral.*

Y las condiciones necesarias para vivir en pareja y prosperar no se cumplen cuando la cohabitación entre generaciones se convierte en una obligación, y no en una elección, cuando el acceso de una familia a la construcción está bloqueado , cuando los roles entre madre e hija con respecto a la educación de los hijos están frecuentemente invertidos; y cuando el padre, a menudo obligado a delegar su papel en los ancianos, también evade de esta manera su propia responsabilidad.

---

32 Testimonios del 1 de junio de 2004: "¿Víctima de la historia o de su negación? Preferimos decir "víctima de la historia y de su negación".

Esta cohabitación forzada es una de las consecuencias de las maternidades aisladas, ya que las mujeres se ven obligadas a quedarse con sus familias de origen para criar a sus hijos, especialmente cuando se trata de embarazos precoces que aún son numerosos en La Reunión. La desvalorización de la imagen parental provocada por esta situación, donde el padre pasa por el hijo y el abuelo por el padre, necesariamente conduce a una confusión de roles perjudiciales para el niño. El padre presente se percibe como ausente, ausente de su función paterna más precisamente, la madre a veces madre y a veces hija, provoca la misma ambigüedad en el niño, que constantemente pondrá a prueba la legitimidad de sus padres.

Aquí nos enfrentamos a una secuela permanente de la esclavitud, y en particular del Código Negro que instituye una paternidad del amo, ya que él, y solo él, tiene poder sobre los hijos de la mujer: si ella es libre, sus hijos serán libres; si ella es una esclava, sus hijos serán esclavos. Ahora bien, el estado de manumitido lo otorga el amo quien decide a quién puede emancipar y de acuerdo con qué servicios prestados.[33]

Esta cuestión de quién es el jefe de la casa todavía surge regularmente en los hogares, cuando la violencia toma el lugar y la función de la autoridad. Lesiones, violencia, destrucción, siguen siendo el lote de un cierto número de hombres que, al perder la autoridad sobre sus familias, han perdido el sentido de la conducta, del punto de referencia que representan para sus hijos. Cuando el niño duda de su padre, se le aboca a

---

33 El amo es quien solicita la manumisión a las autoridades coloniales, en función, únicamente, de su buena voluntad.

166

representarse a sí mismo como un bastardo; el bastardo es el que tiene una madre, pero no un padre reconocido, un padre presente. El bastardo no es un mestizo, aunque puede haber nacido de una unión entre dos nasyon, teniendo en cuenta que el término "nación" corresponde, en La Reunión, a un componente cultural y biológico de la población reunionesa.

Nacer sin un padre significa estar indefenso, o tener que relegar su protección a otra figura masculina que se encuentre en la familia de la madre. También puede ser el hermano, el dada[34] o cualquier figura masculina que pueda desempeñar este papel de guía. El referente también puede ser alguien de la calle: hablamos por lo tanto de un hermano mayor, aunque esta noción de hermano mayor se eclipsa hoy."[35]

La reparación social.

En el nivel sindical que ocupa el campo de las reivindicaciones, este tema no es prometedor. Los sectores de la sociedad más afectados por las secuelas del esclavismo no están sindicalizados aun cuando hubieran tenido acceso al salariado no precario. Las uniones sindicales nunca lograron organizar a los desempleados, si realmente tuvieron la

---

34 Un reemplazante del padre, cuando es necesario, tomado en la familia (en el sentido restringido o extendido), pero que no es el padrino ni el sacerdote.

35 Ghislaine BESSIÈRE, *"Lanzistisman pour un futur reunionnais"*, (Lanzistisman por un futuro reunionés) artículo no publicado de septiembre de 2019, 6 p.

167

voluntad. En La Reunión, la sociedad civil pobre no está representada. Está degradada, relegada y estigmatizada hasta el punto de que con demasiada frecuencia se expresa solamente a través de episodios de violencia urbana.

Por iniciativa de la asociación Rasine Kaf, y bajo el patrocinio de la Asociación por la Casa de las Civilizaciones y la Unidad Reunionesa, se celebró un foro social y cultural en la ciudad de Port los días 13 y 14 de diciembre 2003[36]. Intervinieron principalmente el historiador Prosper Ève ("Conmemoración y deber de memoria") y los secretarios generales del CGTR, Georges-Marie Lépinay ("Las condiciones para el ejercicio de la democracia en la Reunión") e Ivan Hoarau ("Espacio regional y reto de desarrollo"). En ausencia de plantadores, la cuestión agraria fue solamente evocada. El problema más amplio del acceso a la propiedad para los inquilinos sociales tampoco se pudo abordar.

Sin embargo, la cuestión de la reforma agraria fue relanzada recientemente por Christiane Taubira, quien reclamó una repartición de las tierras (pertenecientes al estado) a favor de los descendientes de esclavos guyaneses. Ghislaine Bessière propone *"reflexionar sobre esta propuesta y extenderla a los descendientes de trabajadores no abonados, a aquellos que han tenido un estatus de asentamiento y que han trabajado la tierra durante cien años, o incluso más, sin beneficiarse de la propiedad de estas tierras. Debemos partir del principio fundamental de que la tierra pertenece a quienes la trabajan, y*

---

36 *Témoignages* (Testimonios) del 11 de diciembre 2003.

hoy podemos reclamar la tierra para los ti plantèr, es una reivindicación que data de los años 70 en La Reunión.

La reforma agraria es, de hecho, un elemento indispensable que debemos abordar. Para esto, es necesario hacer el censo de todas las tierras que están en barbecho, en particular las que pertenecen a las refinerías de azúcar de Borbón heredadas de la plantación colonial y que se prevea una redistribución (eventualmente hecha por el accionariado). Pero también debemos reflexionar sobre el monocultivo de la caña de azúcar y pasar de la plantación de caña a la agricultura diversificada para alimentar al pueblo reunionés, que todavía depende demasiado de las importaciones.

Alcanzar la autosuficiencia alimentaria, este es el objetivo a corto y mediano plazo para permitir a la población salir de la espiral de dependencia, promover la pluri cultura y los métodos que favorezcan la protección del planeta, en particular la permacultura, la plantación de árboles. Detener el glifosato, por una agricultura razonada, permitiría pasar definitivamente la página sobre la esclavitud y la vivienda[37] para pasar a un sistema de producción familiar o de cooperativas agrícolas, tal vez basado en el ejemplo de África. Hay que devolverle a los plantadores su papel de abastecedor de alimentos y su orgullo." [38]

---

37 Malcom FERDINAND, "Une écologie décolonisée. Penser l'écologie depuis le monde caribéen," (Una ecología descolonizada. Pensar la ecología desde el mundo caribeño), París, Seuil, 2019, 456 p.

38 Ghislaine BESSIÈRE, artículo de septiembre 2019 ya citado.

La reparación financiera.

"Cuando se abolió la esclavitud, el estado entregó a los propietarios lo que se llamó una compensación colonial por un monto de 711.59 F por esclavo. Los grandes propietarios recibieron esta suma en bonos del Banco de la Reunión, creado en 1851. La historia de la BR está directamente vinculada a la historia de la esclavitud, ya que fue creada a partir de fondos atribuidos como compensación por la pérdida de esclavos." [39]

"Es necesario abordar la cuestión de las reparaciones financieras, aunque hoy parece difícil determinar con exactitud quién desciende de un esclavo y quién no. Para hacer esto, se necesita hacer una investigación de ADN para descubrir quién tiene todavía "sangre negra" en sus venas. El problema debe plantearse de manera más eficaz en términos de gestión de partes que cada reunionés tiene en él, y del equilibrio, o incluso por qué no, de la armonía que puede establecer entre todas estas partes. Este problema no es solo metafísico, ya que conocemos las consecuencias de la negación en sí misma y de la eliminación de sus orígenes en la construcción y el desarrollo de la propia identidad. Por lo tanto, realizar reparaciones financieras individuales parece una tarea arriesgada y solo podría reforzar la falsificación histórica de

---

39 Comentarios de Sudel Fuma referidos por el "Journal de l'Île de la Réunion" (Diario de la Isla de La Reunión) el 7 de abril de 2004.

las alianzas y genealogías familiares."[40]

Dicho esto, puede haber otras soluciones que no sean las indemnizaciones individuales: *"Todos sabemos que el Banco de La Reunión ha sido absorbido hoy por la Caisse d'Épargne (Caja de Ahorros). Había sido creado con el dinero de las indemnizaciones a los propietarios. Las cuentas deben hacerse hoy con esta fuente financiera inesperada, para reutilizarla en la reparación redistribuyendo los beneficios de la indemnización a los descendientes de los esclavizados. Reclamamos que los descendientes de esclavizados puedan beneficiarse del legado del trabajo de sus Ancestros. El trabajo gratuito que realizaron durante 134 años, de 1714[41] a 1848, debe evaluarse teniendo en cuenta el precio del trabajo asalariado en el momento y de acuerdo con el número de horas. Este dinero se destinará a un programa de reparaciones globales, administrado por las autoridades públicas y bajo el control de los ciudadanos. Esto evita la compensación financiera individual, pero permite una redistribución controlada y administrada en el marco de una política pública de reparación."* [42]

---

40 Ghislaine BESSIERE, "¿Qué programa de reparaciones públicas? ", Diciembre de 2003, artículo inédito.

41 Año de registro del Código Negro para las Islas de Francia y de Borbón (Mauricio y La Reunión).

42 Ghislaine BESSIÈRE, artículo de 2019, ya citado.

171

Reparaciones culturales.

Mientras que una ola de reivindicaciones centradas en el poder adquisitivo se extendía por los departamentos franceses de ultramar, los activistas culturales de La Reunión se unieron en el colectivo *"Kiltir Partou"* como soporte de sus reivindicaciones. La comisión de "Historia, Memoria, Patrimonio y Toponimia" dio a conocer su trabajo el 23 de marzo de 2009 en Port.

A continuación siguen grandes extractos de este informe que fue aprobado con una ovación.

"La idea central de la plataforma se basa en el principio de Reparación, que desarrollamos en forma de reivindicaciones concretas que tocan todas las esferas sociales, educativas, culturales y económicas.

La historia, un derecho fundamental.

La primera reivindicación tiene que ver con el Derecho a la Historia, que nos parece un derecho fundamental. Como tal, hemos resaltado la necesidad de desarrollar los medios para que cada reunionés, cualquiera que sea su edad y condición social, pueda acceder a la historia de su país.

Enseñanza de la historia. Esto implica aprender historia desde la maternal hasta la universidad, pero también mediante el desarrollo de programas de investigación y acciones llevadas a cabo por la Universidad, así como por asociaciones o por el individuo mismo.

La apropiación de la historia requiere su conocimiento. Este conocimiento debe facilitarse poniendo a disposición del

172

público medios de conocimiento tales como libros, películas, documentos educativos, archivos, árboles genealógicos, etc. Todas, herramientas que deben ser desarrolladas por las autoridades públicas y las asociaciones, y disponibles en las bibliotecas escolares y públicas, en los archivos, dentro de las asociaciones que desarrollan estas aperturas al conocimiento.

La repatriación de todos los archivos sobre La Reunión. Para hacer esto, los archivos relacionados con la esclavitud, los trabajadores no abonados y la colonización deben ser repatriados a La Reunión y reunidos en los Archivos Departamentales de La Reunión, ya sea en forma de fotocopias, microfilm u otros medios digitales.

El derecho de preferencia sobre los documentos históricos originales. Los documentos relacionados con el patrimonio de La Reunión, que son objeto de subastas, y en particular los libros antiguos y los originales, deben integrar las colecciones públicas, en particular mediante el derecho de preferencia.

Arqueología preventiva e investigación arqueológica.

Todos los sitios históricos deben estar listados y sujetos a investigación arqueológica, de modo que su carácter histórico pueda ser confirmado: cementerios de esclavos, campamentos de cimarrones, lugares públicos de culto (sapèl malbar, templos católicos, doany, etc.), campamentos de trabajadores no abonados, pueblos tradicionales.

La clasificación de estos sitios históricos es una de las condiciones fundamentales para su preservación. Los proyectos de desarrollo vial o urbano deben respetar estos sitios históricos y lugares de culto. Se debe consultar sistemáticamente a la población antes de cualquier proyecto de desarrollo que se refiera a su entorno inmediato y afecte a su patrimonio cultural y territorial. (...)

Inventario del patrimonio.

Todos los sitios históricos deben estar listados y clasificados. Deben ser protegidos y rehabilitados. Los objetos del patrimonio relacionados con la esclavitud, el cimarronaje, los trabajadores no abonados y la colonización deben ser identificados y preservados. La información pública sobre los objetos encontrados en los diversos sitios de la isla por asociaciones, individuos o incluso instituciones responsables de la preservación del patrimonio como el DRAC, la Región, el Departamento debe ser difundida lo antes posible. Estos objetos encontrados durante la realización de obras de ordenación, de una investigación personal o institucional o en el marco de proyectos implementados por asociaciones deben ser listados, fechados y agregados al patrimonio común. Este es el caso de los huesos encontrados en la cueva Phaonce por la ONF, en Dimitile por la asociación Capitan Dimitile, en Saint-Paul durante el ciclón Firinga. Los objetos encontrados en Tapcal por exploradores, los objetos recolectados por GRAHTER [43] en Salazie, las cadenas de la prisión de Desbassayns. El museo Villèle debe ser completado con la parte esclava, su censo, pero también todas sus herramientas de trabajo, así como los objetos de abuso y contención.

---

43 Grupo de Investigación Arqueológica e Histórica en Tierra Reunionesa, asociación liderada durante mucho tiempo por Marc Kichenapanaïdou y pionera en el campo de la arqueología en La Reunión.

La Toponimia

El Parque Nacional los Hauts debe examinar el tema del cimarronaje y la libertad, y así rehabilitar la memoria de los Hauts. Es su deber contribuir a salvaguardar los estilos de vida y el patrimonio cultural que todavía se usan en los circos y en los Hauts. Otras autoridades públicas tienen el mismo deber con respecto a ciertos pueblos de Bas, como el Grande-Chaloupe ... Interesarse solo en la flora y la fauna nos parece en gran medida insuficiente en vista de la rica historia de los Hauts de la isla, cuya fundación se basa en la epopeya del cimarronaje y su contraparte, la caza de marrones, así como en los numerosos intercambios que tuvieron lugar entre los kivis (los blancos pobres que huyeron del sistema de esclavitud apropiándose una tierra en los Hauts (Cilaos, Salazie, Mafate) y los cimarrones.

Por un reequilibrio inmediato de nombres de calles y plazas públicas. Demasiadas calles llevan el nombre de antiguos esclavizadores o personas que fundaron el sistema de esclavos, como Jacob de la Haye, Colbert (que diseñó el código negro), el General Decaen (que estableció el código Decaen), la compañía de Indias, el nombre de Desbassayns en varias ciudades de La Reunión, etc. Exigimos un reequilibrio inmediato y un cambio de nombre de las calles para introducir en la ciudad los nombres de los esclavos, los cimarrones y los trabajadores no abonados que contribuyeron a la construcción de La Reunión. Asimismo, las personalidades públicas: activistas políticos, sindicalistas, actores culturales que lucharon por la democracia deben encontrar su lugar en la ciudad. Debemos referirnos a

175

nuestros propios héroes en la historia de La Reunión atribuyéndoles el lugar que se merecen.»

La reparación ideológica.

Los debates celebrados en Kiltir Partou, sin embargo, revelaron una gran duplicidad. Por ejemplo: esta entrada en materia de Axel Gauvin, escritor y activista de la lengua criolla, presidente de Lofis la Lang: *"¡La palabra reparación me incomoda!"*[44] Ahora bien esta posición representa la práctica de toda una franja del movimiento cultural que rechaza cualquier trabajo de memoria, que disocia su reivindicación por la lengua de la de la historia.[45] El resto de la discusión es instructiva:

"¿A quién pedimos reparación por el perjuicio?"

"¡Es el Estado francés quien debe reparar!" es evidente. Pero las relaciones sociales, los regímenes de propiedad, las mentalidades y las representaciones: ¡todo esto también debe ser reparado!

En otro debate, el historiador Laurent Hoarau tuvo la oportunidad de fustigar la hipocresía de los funcionarios electos. *"La Carta de la UNESCO fue firmada por la asociación de alcaldes. Desde entonces, Grand-Bois y Dampierre han sido arrasados. ¡I ser pa ryin alé kri si*

---

44 19 abril 2009 en Port.
45 Desarrollé esta cuestión en un artículo de diciembre de 2002, *"Histoire et créolité"* (Historia y creolidad), 6 p., que ha estado en línea durante mucho tiempo en la web <potomitan.info>.

governman fransé si nou isi nou fé ryin! [46] Y la realidad se esconde aquí: en el desprecio de las llamadas clases "educadas" por la cultura popular, y en la voluntad de hacer invisibles las huellas de lo que llamamos de manera eufemística "una historia dolorosa". Esta división entre el francés y el reunionés se encuentra en el interior del mundo criollo, entre los salones y el mundo rural. Legado de la cascada de desprecios de los tiempos del más duro colonialismo, el habitus habita los cuerpos[47], los modales, los niveles de lenguaje, las miradas...

La demanda de reconocimiento debe negociar con el paternalismo arrogante o la soberbia indiferencia, cuando no se enfrenta con discriminaciones manifiestas. Solo daremos dos ejemplos. El primero se refiere a los lazaretos donde se aislaban en cuarentena a los que llegaban en barcos contaminados con una enfermedad contagiosa. El de los trabajadores no abonados ha sido rehabilitado y valorizado por las autoridades departamentales. El de los esclavos está en ruinas y con acceso prohibido, ya no se puede realizar ninguna manifestación allí. Segundo trato despectivo: se otorgan grandes subvenciones para los festivales chinos o hindúes, pero nada para el Día de África. Nos responden de

---

46 Comentarios hechos en Saint-Paul el 25 de mayo de 2009. Grand-Bois es una antigua fábrica de azúcar. Dampierre es una capilla malbar. "¡Es inútil reclamar del gobierno francés si los mismos reunioneses desprecian su patrimonio! "

47 Prosper EVE, " *Le corps des esclaves de l'île Bourbon. Histoire d'une reconquête,"* (El cuerpo de los esclavos en la isla Bourbon. Historia de una reconquista), París-Sorbona, PUPS, 2013, 524 p

malas maneras: *"¡Tienen el 20 de diciembre!"* Para ellos es así, África igual a la esclavitud. 171 años después, no quieren dar su brazo a torcer...

Pero no se trata solo de instituciones. Hay ciertos funcionarios elegidos que se contentan con bonitas declaraciones en París, pero no hacen nada sobre el terreno. Hay ciertos sindicalistas que admiten que los *Kaf* fueron los más explotados, pero no proponen nada para cambiar su situación hoy. Y hay ciertas asociaciones que no tienen reparos en desviar recursos destinados a la afrodescendencia para usarlos en otros fines. Y lo peor de estas engañifas es que, cuando denunciamos estos abusos manifiestos, abuso de posiciones dominantes, abuso de debilidad, somos nosotros, las asociaciones *Kaf,* los acusados de racismo.

Al igual que con todos los grupos dominados, la reparación de los descendientes de las víctimas de la esclavitud comienza con la toma de la palabra, de lo contrario, el silencio de unos continuará extendiendo el ruido de otros, dominadores que no tienen ningún escrúpulo en hablar en lugar de los subalternos. Temen con razón todo lo que los dominados tienen que decir. La generación joven puede ser la que finalmente pronuncie el gran grito *kaf* que pondrá en su sitio exacto a los unos y a los otros. Ya tiene su representante en la persona de Socko lo Kaf.[48]

---

48 Léase su poema en el libro de Marcel DORIGNY, "Arts et Lettres contre l'esclavage, (Artes y Letras contra la esclavitud) prefacio de Maryse CONDÉ, París, Cercle d´Art, 2018, 240 p.

Conclusión

De manera permanente, volvemos a encontrarnos con el tema de la errancia[49] que constituye el hilo conductor de una condición histórica y que tiene repercusiones en todos los campos: *"Lo que Alain Lorraine llamaba la cafritud[50] social, para mostrar que la cafritud se había desplazado de lo biológico a lo social, pero que se basa en el mismo proceso de degradación, con el KAF siempre siendo el único excluido de la sociedad.*

Analizar esta permanencia social de la exclusión es aceptar ver cómo los estigmas de la esclavitud se han incrustado en los intersticios de la sociedad hasta el punto de frenar cualquier esfuerzo de emancipación social. (...) Estos son todos los elementos que deben tenerse en cuenta hoy para construir las bases de una justicia social real, un equilibrio social y un desarrollo real. Lo que podemos llamar **lanzistisman**.

Esta reparación, que atraviesa todas las esferas de la

---

49 Con respecto a la inclusión en la ciudad, véase nuestro estudio: RASINE KAF, Itinerancias, informe presentado a la Región de La Reunión en septiembre de 2008, inédito, 2 vol., 133 p. y 77 p.

50 Preferimos decir "cafridad" para designar una condición heredada, un "ya-aquí", y reservar la palabra "cafritud" para la toma de palabra y conciencia de esta condición. Por usar una famosa fórmula freudiana, aspiramos a que del "eso", el "yo" suceda. Esta emergencia solo es posible desde un lugar de enunciación, que solo puede ser el "Cafre" realmente existente y no un falso-self.

sociedad, tiene una dimensión mental, psicológica, económica y financiera. Es a la vez colectiva e individual. Es por eso que debemos iniciar un debate abierto sobre la reparación. ¿Por qué no establecer una Comisión Verdad y Reconciliación como la que tuvo lugar en la República de Sudáfrica?[51] ¿O Verdad y Justicia como en Mauricio? (se ha presentado un informe voluminoso, pero todavía estamos esperando decisiones concretas)[52] Pasaron ocho años sin que ocurriera nada notable. *"Algunos, manifiestamente, juzgan espinoso, por no decir embarazoso, este voluminoso informe donde aparece muy fuertemente la cuestión de la propiedad de la tierra, y el inventario de casos de despojo juzgados fraudulentos.[53]* Hasta la huelga de hambre de Clency Harmon en abril de 2019, que arrancó al gobierno de Mauricio la promesa de establecer un Land Court (una jurisdicción competente para resolver los litigios de tierras).

Una certeza debe habitarnos: ¡No esperemos a un reparador! ¡Exijamos lo que se nos debe legítimamente, para que finalmente podamos recuperar las riendas de nuestro destino! La justicia también es una lucha.

---

51 Desmond TUTU, *" Il n'y a pas d'avenir sans pardon"* (No hay futuro sin perdón), traducido del inglés (Sudáfrica) por Josiane y Alain Deschamps, París, Albin Michel, 2000, 282 p.

52 La Truth and Justice Commission, creada en 2009, publicó su informe en noviembre de 2011. Contiene casi 300 recomendaciones.

53 *Le Mauricien* (El Mauriciano) del 15 de arril 2019.

AFRÈS, nuestra identidad y nuestro combate común

Por Nita Brochant, Jaklin Jacqueray, Luc Reinette

El Comité de redacción del CIPN

Comité Internacional de los Pueblos Negros

NUESTROS ANCESTROS DE NOSOTROS CARIBEÑOS Y AMERICANOS DE ORIGEN AFRICANO, SON AFRICANOS QUE FUERON REDUCIDOS A LA ESCLAVITUD, Y QUE HEMOS DECIDIDO NOMBRAR AFRÈS

Después de décadas de negaciones debidas a la alienación inculcada hábilmente por los especialistas occidentales del olvido, hemos accedido a la independencia del pensamiento, a la independencia del espíritu, lo que nos ha permitido dejar de pensar como el otro quería que pensáramos, dejar de hacer nuestros sus propios prejuicios contra nosotros.

Por nuestra parte, hemos salido fuera de su paradigma para crear el nuestro, fuera de la esfera del pensamiento esclavista que caracteriza al mundo occidental y también hay que decirlo con fuerza, al mundo árabe-musulmán que practicó durante 13 siglos una esclavitud de una barbarie poco común contra nuestros Ancestros.

Maya ANGELOU, al afirmar que: *"Yo soy el sueño y la esperanza del Esclavo"* nos remite tanto a nuestra identidad como a nuestra misión, a la nuestra y a la de las generaciones que nos sucederán. Así que tenemos que pararnos por un momento para pensar en esta frase fuerte que interroga nuestra condición humana de ayer y de hoy.

Debemos detenernos, con este llamamiento a actuar de Maya ANGELOU, en una época en que la reflexión no había comenzado sobre el alcance del término "esclavo", pero debemos reconocerle su inmenso mérito al haber establecido la relación esencial de parentesco con ellos, nuestra filiación, y al haber declarado que éramos **su sueño y su esperanza.** ¿Podemos despejarnos la mente totalmente de manera individual y colectiva y transportarnos a nuestro pasado para pensarnos nosotros mismos como Africanos deportados y reducidos a la esclavitud? ¿Podemos entonces, constreñidos y sometidos a la peor crueldad, en un universo esclavista implacable y mortífero, pensar en la posteridad, pensar en aquellos que iban a ser nuestros descendientes y que algún día nos vengarían de la humillación y nos rehabilitarían en toda nuestra Humanidad?

Louis DELGRES, uno de los héroes de la lucha contra la esclavitud en Guadalupe, había declarado en mayo de 1802, poco antes de preferir darse la muerte, mediante una explosión, junto a 350 de nos valientes abuelos, que rendirse a los soldados franceses: **" Nuestros nombres sobrevivirán en el Océano de las Edades. Y otros que vendrán después de nosotros, ¡qué afortunados!, conquistarán esta libertad que solo hemos vislumbrado... "**

Obviamente, hay un hilo conductor entre el pensamiento de Maya ANGELOU, el de DELGRES y el de Frantz FANON, que

183

declarará más tarde que: *"Cada generación debe descubrir con relativa opacidad su misión o traicionarla ..."*

Algunos pensadores también han dicho con razón que *el mal a menudo triunfa solo por la inacción de gente buena...* la inacción física o la inacción intelectual que consisten en pensar que las cosas pueden permanecer en su estado actual y que no es útil cuestionar o poner en perspectiva un statu quo impuesto.

¿Nos hemos preguntado a nosotros mismos saber qué mirada nos lanzaba el resto del mundo, qué mirada lanzó el resto del mundo a nuestro mundo, el **Mundo Negro**? Nadie puede declararse indiferente a él, porque nadie puede vivir con dignidad sin un mínimo de consideración por los demás y consigo mismo.

Ya sea que hayan practicado o no la esclavitud, todos los demás pueblos con excepciones muy raras, todavía ven en el Hombre Negro, un descendiente de esclavos (sic) y, por lo tanto, un cuasi esclavo (sic), un ser parte de una sub-Humanidad ... y que merece solo desprecio o indiferencia ...

Es por eso que consideramos esencial nombrarnos y declarar al universo entero nuestra identidad, nuestra fuerza y nuestro orgullo de ser Negros, nuestra satisfacción de ser Africanos o Afrodescendientes.

Sí, África y los Africanos son el origen del mundo. Ahora está científicamente establecido que África es la cuna de la Humanidad, el origen de la literatura, la ciencia, las

184

matemáticas, las pirámides ... **Pero África no puede ni debe considerarse como una matriz llamada a desaparecer después de haber dado vida a la Humanidad.** Con esto queremos decir que los primeros hombres que poblaron la tierra no deben ser sacrificados, condenados a desaparecer por la falta de conciencia y consideración que tendrían por sí mismos. Por la falta de exigencia que tendrían hacia los demás, en particular frente a aquellos que habrían saqueado la existencia de sus Ancestros, sus padres y los suyos, practicando durante siglos y siglos y sin ninguna excusa, **la esclavitud ya fuese transatlántica o transahariana.**

En este punto surge la cuestión de las reparaciones, que es inseparable del concepto mismo de dignidad. Si consideramos que todos los hombres son iguales, sea cual sea su origen étnico, debemos considerar que los crímenes y ultrajes cometidos por algunos de ellos contra otros *deben ser reparados* sin tener en cuenta que los autores de los crímenes tengan o no tengan ganas. Solo se debe tener en cuenta la equidad y la justicia. No puede haber una justicia para unos y otra para otros, una justicia para los blancos, hecha por los blancos y una justicia para los Negros hecha por los blancos. Este principio también se aplica a los racistas árabe-musulmanes y su justicia hacia los Africanos Negros.

Ya lo hemos dicho y lo repetimos, **Reparaciones y descolonización son consustanciales**, no puede lograrse una sin que la otra se realice al mismo tiempo. El estado de la mayoría de las naciones Africanas y caribeñas que se han independizado sin reparaciones dice mucho: **no se puede salir ileso de varios siglos de expoliaciones y dominación,** ni desarrollarse si no se dispone de las herramientas financieras y materiales fundamentales. De lo contrario, estamos abriendo el camino al neocolonialismo, una situación en la que **no controlamos nada**. Aquí, el sinónimo de **Descolonización** es **LIBERTAD**, libertad de pensar, libertad de pensarse y, sobre todo, libertad de asumir su destino sin ninguna tutela, ya sea política o espiritual.

También existe la noción esencial de Respeto que solo puede materializarse a través de un proceso y una exigencia de Rehabilitación de nuestros Ancestros: el proceso de rehabilitación, **depende de nosotros y solo de nosotros,** hacerlo dentro del marco de una autoreparación. En cuanto a la exigencia de rehabilitación, debemos formulársela a todos los otros pueblos que *nos designan como quieren sin preocuparse ni un instante por nuestra forma de sentir las palabras y expresiones* que usan para designarnos o representarnos. A veces, ignorando el peso de las palabras, ciertos escritores, periodistas o políticos occidentales e incluso Africanos o Afrodescendientes, sin embargo declarados anticolonialistas, se dejan ir con escritos o comentarios insoportables, cuando evocan a los "...*millones de esclavos Africanos* que fueron deportados a las Américas...". Escribirlo es desconocer o negar el hecho de que estos millones de seres humanos deportados en condiciones inhumanas eran **Personas**, padres y madres, *nuestros Padres y nuestras Madres,* quienes fueron artesanos, pescadores, cazadores, escultores, dignatarios, portadores de una civilización pluri milenaria.

Frente a estas personas, ya sean escritores, periodistas o políticos, conscientes o ajenos de lo que está en juego y del peso de las palabras, **debemos exigir** que ya no nombren a nuestros ancestros bajo el término "Esclavos", pero que desde ahora los respeten nombrándolos AFRICANOS REDUCIDOS A LA ESCLAVITUD, ANCESTROS AFRICANOS REDUCIDOS A LA ESCLAVITUD (por sus descendientes) o AFRÈS ... ¡No, no somos Descendientes de esclavos!

En nuestro país, intelectuales de renombre como Hélène MIGEREL o Gladys DEMOCRITE, artistas como Marie-Line DAHOMAY o Luc-Hubert SEJOR hacen un trabajo notable para dar credibilidad al concepto AFRÈS que constituye, como lo ha dicho Hélène MIGEREL, un acto de independencia de pensamiento.

Dondequiera que hayamos sido trasplantados en todo el mundo, los Afrodescendientes tendremos que erigir estelas y monumentos en memoria de estos Ancestros de quienes *éramos el sueño y la esperanza*, y trabajar a nivel de las instancias internacionales para que se instaure un **Día Internacional de la Rehabilitación**, como corolario de las **Reparaciones, requisito no negociable**.

Así, progresivamente comenzará una nueva era donde la imagen de nuestros Ancestros y, por lo tanto, nuestra imagen y la imagen de los Negros en el mundo serán restauradas y respetadas.

AFRÈS es el clamor de la Dignidad recuperada como lo ha dicho tan bien, la Sra. MIGEREL.

Nuestro Honor esta en juego y la felicidad de nuestros hijos, los hijos del Mundo Negro que hoy están tan maltratados. Y por quienes debemos luchar para que mañana, como todos los niños del mundo, puedan vivir con **honor, dignidad y prosperidad, para que se inscriban con Orgullo en el linaje de sus Ancestros.**

En esta decenio de las Personas de Ascendencia Africana, atrevámonos a cumplir nuestra misión.

Notas:

El término AFRÈS se declina en la mayoría de las lenguas de los países que han experimentado la esclavitud.

Hélène MIGEREL es Doctora en Ciencias de la Educación y Psicoanalista.

Gladis DÈMOCRITE es abogada

AFRÈS: Auto reparación con el poder del verbo "¡rehabilitemos a nuestros Ancestros Africanos reducidos a la esclavitud dejando de llamarlos esclavos! "

Por Gladys Démocrite

Abogada - Miembro del CIPN

Vienen de allí, del otro lado del océano, de la lejana Tierra de África, donde descansan sus propios Ancestros... Ellos mismos, a su vez, se convirtieron en Ancestros, después de haber padecido los horrores de la trata negrera, la esclavitud y la asimilación...

Hoy, pocos de sus descendientes han mantenido un vínculo con ellos, porque en el imaginario colectivo, pertenecen a esa masa abstracta e impersonal que califica la palabra: "esclavo".

Incluso para nosotros, sus descendientes, nos es difícil sentir que estamos hablando de miembros de nuestra familia, de nuestros antepasados lejanos, cuando nos referimos a los "esclavos". La palabra, en sí misma, acarrea consigo sus referencias inducidas, su carga energética, su peso simbólico y su condicionamiento cultural (incluso identitario).

Ser esclavo no es una esencia en sí mismo. Nadie nace esclavo. Siempre es un opresor quien impone por la fuerza este estatus a una categoría de hombres y mujeres. Es, además, el que reduce a la esclavitud quien designa a sus víctimas con la palabra "esclavos". En cambio, quien está reducido a la esclavitud se ve a sí mismo siempre y sobre todo como un hombre, no como un esclavo. Cuando este hombre reducido a la esclavitud quiere hablar sobre los miembros de su familia, sus hijos, sus padres, sus Ancestros, no los designa como "esclavos", porque sabe que esta palabra no es su identidad, pero un estatus impuesto por el amo.

Además, cuestionar el mismo término "esclavo", con todas las representaciones asociadas con él, nos parece indispensable para abordar el tema de las reparaciones por crímenes contra la Humanidad que constituyen la trata negrera transatlántica, la esclavitud, la colonización y la asimilación. De hecho, uno de los primeros actos de reparación debería, en nuestra opinión, consistir en un acto de autoreparación que cuestionaría nuestra relación con nuestros Ancestros reducidos a la esclavitud. Esto permitiría, por ejemplo, saber si, mediante el uso de una palabra tan común como la palabra "esclavo", no participamos inconscientemente en alimentar un imaginario colectivo que cultiva el rechazo de nuestros Ancestros (y, por lo tanto, el rechazo de nosotros mismos como resultado).

Algunos se preguntarán cómo la palabra "esclavo" plantea el problema, porque así es como la lengua francesa designa a las víctimas de la trata negrera y la esclavitud.

Pues este es precisamente el problema, ya que los términos "esclavo" y "esclavitud" fueron elegidos por quienes pensaron, organizaron, financiaron y regularon este crimen odioso, por quienes capturaron, asolaron, deportaron, "esclavizaron", violaron, torturaron, cosificaron, asimilaron y creolizaron a nuestros Ancestros. "Esclavitud" es la palabra que han elegido para calificar su terrible crimen de manera edulcorada. Como resultado, cuando llaman a nuestros Ancestros "esclavos", también cargan esta palabra con todo el peso de sus valores e ideologías racistas.

Sin embargo, para nosotros, cuyos padres fueron víctimas directas de estos crímenes, ¿deberíamos aprehender a nuestros Ancestros con los mismos valores racistas que sus verdugos? ¿Alguna vez nos hemos preguntado quiénes son estos Ancestros Africanos y cuál es la verdadera relación que mantenemos con aquellos a quienes todo el mundo se complace llamándolos "esclavos"?

Ante todo, pongámonos en contexto, porque el período esclavista en Guadalupe (de 1635 a 1794, luego de 1802 a 1848) nunca fue pacífico ni pacificado. Numerosas revueltas y asaltos violentos fueron llevados a cabo muy regularmente por estos Ancestros Africanos contra los colonos esclavistas. Desde el comienzo de la presencia francesa en Guadalupe (en 1635), la resistencia se organizó hasta el punto de que el primer campamento de "Negros Cimarrones" surgió en 1636 (es decir, en el primer año de presencia en el territorio).

Veinte años después, en 1656, estallaba la primera gran revuelta y demostraba hasta qué punto nuestros Ancestros, incluso dispersos por todas las casas del país, podían organizarse, comunicarse entre sí y llevar a cabo una verdadera lucha armada para liberarse del yugo de la esclavitud y tomar plena posesión de Guadalupe.

Así contaba el historiador de la época, Jean-Baptiste DUTERTRE, esta revuelta de 1656:

> "Dos negros malos, uno llamado Pedre, y el otro Jean Le Blanc, en secreto (...) organizaron a todos los negros (...), para masacrar a todos los amos de casas, guardar sus esposas y crear dos Reyes de su nación en la isla, una en Basse-Terre y la otra en Capesterre "

> (Jean-Baptiste DUTERTRE, *"Histoire générale des Antilles habitées par les Français "*, (Historia general de las Antillas habitadas por los franceses) volumen I, p.500, 1667)

Para entender bien la realidad y la violencia de los actos de resistencia llevados a cabo en esa época hay que imaginarse que los europeos esclavizadores tuvieron que reconquistar la isla militarmente, con todos los medios coercitivos y represivos que uno pueda imaginarse para proteger los intereses de los colonos y el Estado. Sin embargo, a pesar de todo el derramamiento de sangre, varias décadas después, la resistencia de los Africanos reducidos a la esclavitud no decaía.

Así, en 1726, un lugarteniente de la Marina escribía su informe sobre la situación en Guadalupe, en estos términos:

"En Guadalupe hay más de 600 negros cimarrones que están amotinados en cuatro bandas que envían destacamentos diarios de 60 a 80 hombres para saquear las casas y aunque hay continuamente destacamentos de milicias detrás de ellos, no pudimos evitar los robos ni los raptos de negras y de víveres que hacen en las casas »

(Carta del teniente DE CAPRADO del 10 de enero de 1726, Archivos Nacionales, Col. C7A 10, p. 55, citado en Jahlyssa SEKHMET, "L'histoire des Antilles françaises Guadeloupe Martinique – De la préhistoire à nos jours" (Historia de las Antillas francesas Guadalupe Martinica - Desde la prehistoria hasta nuestros días), ed. Educación consciente, 2018)

Lo cierto es que a los esclavistas les resultó muy difícil mantener la calma localmente. A pesar del envío frecuente de soldados para pacificar el territorio, Guadalupe vivió al ritmo de los múltiples episodios de motines y revueltas seguidos inevitablemente de su sangrienta represión (este fue el caso en 1656, por supuesto, pero también en 1710, 1730, 1748, 1752, 1802, etc.).

Sin embargo, muchos de nosotros desconocemos esta realidad histórica de la incesante resistencia liderada por nuestros Ancestros Africanos reducidos a la esclavitud. Como resultado, continúan representándolos como "esclavos", esclavizados y dóciles, habiendo perdido todo sentido de dignidad, habiendo adoptado sin ninguna contestación la

194

religión cristiana de sus propios verdugos y esperando con esperanza el día en que los vayan a liberar. Así, es tomando prestados estos "listos para pensar", que falsifican completamente la realidad de lo que fueron nuestros Ancestros, que, poco a poco, nos alejamos de ellos y de lo que tienen que transmitirnos.

Y poco a poco vamos perdiendo sensibilidad para sentir que el país está impregnado con todo lo que los Ancestros quisieron dejarnos. Organizados en naciones (en las plantaciones) o en hermandades negras (en las ciudades y pueblos), supieron recrear en secreto una organización social propia, basada en las diversas formas de solidaridades horizontales (entre los vivos) y verticales (entre generaciones). Esta organización permitía al mismo tiempo compartir las provisiones, ayudar a los más vulnerables, ahorrar, transmitir saberes Ancestrales espirituales y culturales, vivificar la comunidad, a pesar de la adversidad de su condición y la ferocidad de la formidable empresa de destrucción masiva de su identidad Africana que sufrían (a través de los procesos de asimilación y creolización).

(Ver en particular: Luciani LANOIR-L'ÉTANG "Réseaux de solidarité : Dans la Guadeloupe d'hier et d'aujourd'hui " (Redes solidarias: en la Guadalupe de ayer y de hoy), ed. L'Harmattan, 2005)

Es cierto que si nos fijamos bien, la definición misma de la palabra "esclavo" (una persona no libre considerada como un instrumento económico que se puede vender o comprar, y que depende de un amo) no corresponde a la amplitud del crimen perpetrado contra estos Ancestros Africanos. De hecho, los esclavizadores no se contentaron con privarlos de libertad: los querían *"démouné"* (es decir, deshumanizar, según la expresión de Philippe VERDOL en « *Déshumanisation et surexploitation néocoloniales* » (Deshumanización y sobreexplotación neocoloniales), ed. L'Harmattan , 2012).

Los esclavizadores teorizaron..., peor aún, legislaron sobre la deshumanización de nuestros Ancestros. Les exigieron que se olvidaran y rechazaran por completo su identidad africana, su idioma, su cultura, su historia, sus saber hacer tradicionales, su organización social, sus religiones y espiritualidades tradicionales para obligarlos a asimilarse y convertirse en buenos cristianos criollos. Esto significa, muy concretamente, que nuestros Ancestros fueron forzados a practicar la religión que autorizaba, alentaba y justificaba la práctica del crimen del que fueron víctimas todos los días. En aquella época, la religión se usaba principalmente, como un medio para pacificar a nuestros Ancestros inculcándoles la aceptación de su condición con la expectativa de un más allá mejor, e impregnándolos con valores tales como el perdón cristiano y la sumisión a las autoridades eclesiásticas.

En realidad, emplear la palabra "esclavo" para nombrar a nuestros Ancestros no es neutral para nada. Este término permite ocultar la escala y la gravedad del crimen cometido, porque uno puede fácilmente equiparar la "esclavitud" vinculada al comercio transatlántico de esclavos con todas las formas de esclavitud conocidas a lo largo de los siglos. Ahora bien, la esclavitud siempre se ha caracterizado principalmente por una privación de libertad y ciertos derechos civiles (por ejemplo, bajo la antigua Roma). El crimen cometido contra nuestros Ancestros no se limitó a la simple privación de libertad, y es en esto que es singular, porque llegó hasta la negación sistémica e institucionalizada de la condición humana de otros seres humanos (en razón del color de su piel).

Mediante un proceso de nominalismo, el uso de la palabra "esclavo" para designar a nuestros Ancestros Africanos reducidos a la esclavitud permite minimizar el crimen cometido y, en particular, ocultar toda la realidad histórica de *demounaj* (deshumanización) y sus consecuencias psicosociales sufridas durante varias generaciones.

Por cierto, la elección de la palabra "esclavo" también permite fabricar una representación dócil y servil de nuestros Ancestros, ya que el esclavo aparece en nuestra imaginario como un derrotado, sumiso y débil.

Para las instituciones que pensaron y ejecutaron este crimen contra la Humanidad (como el Estado francés o la comunidad de familias de colonos esclavizadores) es más que conveniente minimizar la realidad de su crimen, porque hoy siguen allí, todavía al mando del país, decididas a sacar aún más.

Sí, el proyecto político implementado por estas instituciones no ha variado nunca desde su llegada a Guadalupe en 1635. De hecho, para COLBERT, ya en el siglo XVII, las colonias tenían dos atribuciones: proporcionar a Francia materias primas y productos raros y exóticos, pero también y sobre todo servir como mercado para los productos fabricados en Francia (*Encyclopaedia universalis*, Volumen 6, p. 77, 1990).

Más tarde, tras la segunda abolición de la esclavitud en 1848, un ministro de las colonias, Joseph ROMAIN-DESFOSSES, explicará que los Africanos ahora manumitidos tenían que abandonar sus hábitos de "salvajes" para convertirse en consumidores verdaderos con el fin de abrir aún más mercados de venta para las producciones francesas. (Josette FALLOPE, *« Esclaves et citoyens : les Noirs à la Guadeloupe au XIXe siècle dans les processus de résistance et d'intégration : 1802-1910 »* (Esclavos y ciudadanos: los Negros en Guadalupe en el siglo XIX en los procesos de resistencia e integración: 1802-1910), Sociedad de Historia de la Guadalupe, 1992, p.364)

Hoy, incluso si Guadalupe ya no juega el mismo papel en términos de suministro de materias primas, permanece en gran medida en la línea política establecida desde la llegada de los europeos a esta tierra: explotación a ultranza de recursos y hombres por un lado, y la instauración y la preservación de un mercado estructuralmente cautivo para vender los famosos "productos manufacturados" de una manera extremadamente lucrativa, por otro lado.

Todos estos retos políticos, estratégicos y simbólicos están en juego detrás de las palabras y, en particular, de la palabra "esclavo". En efecto, si los descendientes de Africanos reducidos a la esclavitud ya no hacen el vínculo entre el proyecto político de Francia durante este pasado esclavista y sus políticas públicas actuales, es que simplemente, en el imaginario colectivo, las cosas han cambiado fundamentalmente desde la abolición de la esclavitud.

Ahora bien, la esclavitud, al igual que el salariado, es para los autores del crimen una modalidad simple de gestión de recursos humanos. La abolición de la esclavitud no pone en tela de juicio el proyecto político de partida. El almirante JAUREGUIBERRY, ministro de la Marina y las Colonias en 1880 nos recuerda, no sin cierto cinismo, que:

"(...)" La esclavitud está abolida, nuestras leyes lo atestiguan. Oficialmente sí. ¡En realidad no! (...) Cuando las naciones de Europa suprimieron la trata (oficialmente) ¿suprimieron a los esclavos al mismo tiempo? Los esclavos se quedaron donde estaban, es decir, con sus compradores. Simplemente cambiaron de nombre: de cautivos de trata, han pasado a ser cautivos de casa (…)

"(Discurso del Ministro de la Marina y las Colonias, Almirante JAUREGUIBERRY, ante el Senado 01/03/1880)

Para este representante del estado francés, a pesar de la abolición de la esclavitud, los "esclavos" simbólicamente siguen siendo "esclavos". Simplemente, son las modalidades de su estado las que cambian. Entonces, cuando los descendientes de Africanos reducidos a la esclavitud usan esta palabra "esclavo" para designar a sus Ancestros, le están dando fuerza a esta rejilla de lectura. Al mismo tiempo, se alejan inexorablemente de la poderosa herencia dejada por los Ancestros.

Efectivamente, si hay una lección que aprender de nuestra historia, es que somos hijas e hijos de sobrevivientes, de héroes cotidianos, todos sobrevivientes de un crimen abominable. Si hoy estamos vivos, es porque cada uno de nuestros Ancestros, a su manera, pudo resistir nutriendo la vida, supo amar y dar vida, supo transmitir a quienes le sucedieron amor y respeto por esta vida, y de generación en generación, esta vida nos ha llegado. No importa si fueron abiertamente cimarrones o si resistieron en el contexto mortífero de las casas: nuestros Ancestros, tal como fueron, lograron sobrevivir a lo innombrable, dar vida, amar y transmitir, para que hoy seamos ...

¿Qué hacemos con lo que nos dejaron? ¿Cómo movilizar la fuerza inconmensurable que nuestros Ancestros supieron generar para sobrevivir a todo esto, cuando nosotros, los aprehendemos con las palabras y los valores de sus verdugos?

Es por estas razones que el CIPN (Comité Internacional de los Pueblos Negros) lanzó una gran campaña para interpelar a todos los descendientes de Africanos reducidos a la esclavitud (y en general a todos los que se sienten implicados), con la necesidad de no usar más la palabra "esclavo" para nombrar a nuestros Ancestros.

Proponemos nombrarlos AFRÈS (AFricanos Reducidos a la ESclavitud), pero esta es solamente nuestra propuesta. Cada cual debe encontrar con sus palabras el camino que conduce a los Ancestros. Lo más importante, para nosotros, sigue siendo que cada uno se apropie de su vínculo con sus Ancestros y que, naturalmente, ya no pueda ser concebible tratar a nuestros Ancestros con las mismas palabras y, por lo tanto, los mismos paradigmas que sus verdugos.

Renombrar nuestros Ancestros con nuestras propias palabras, concebidas con nuestro propio imaginario, descontaminado de representaciones prestadas y falaces, constituye un acto fundamental de autoreparación. En efecto, un pueblo se siente fuerte y confiado cuando está anclado en lo que es, cuando es consciente de los logros y las hazañas de quienes han forjado su historia, cuando puede movilizar toda la potencia y la fuerza de sus Ancestros acudiendo al patrimonio dejado y transmitido por ellos.

Sin embargo, en lo que a nosotros respecta, es el verdugo de nuestros Ancestros quien nos ha impuesto su cultura, sus valores y su mirada sobre nosotros mismos, a través de la asimilación y la creolización. A través de la escuela, la religión cristiana (católica y protestante), los medios de comunicación de masas, las representaciones difundidas por la historia oficial, nuestra aprehensión por el "salvaje" y el civilizado, etc. nos perdemos en concebirnos a través de los ojos del verdugo, pensando que es nuestra propia mirada, o peor aún, pensando que nos estamos fusionando con él, trascendidos como estamos por una universalidad a varias velocidades. Así es como nos han llevado, sin darnos cuenta, a tratar a nuestros Ancestros como los racistas que los torturaron, usando su palabra "esclavo". Todo esto no hace más que reforzarlos e intensificar la negrofobia ambiental y, de hecho, contribuye a debilitarnos.

Para recuperar nuestras fuerzas y nuestro potencia, cultivada por nuestros Ancestros (especialmente a través de su capacidad de resistir cuando no parecía factible ninguna posibilidad de libertad), no tenemos más remedio que volver a conectarnos con la herencia dejada por nuestros Ancestros. Por el poder creativo del verbo, al nombrar justamente a nuestros Ancestros (pero también a las realidades político-psicosociales que nos impregnan), podemos volver a tejer este vínculo dejando la rejilla de lectura del verdugo para explorar todo lo que realmente somos. Se nos abren nuevos horizontes, porque los campos de exploración son amplios tanto en el plano artístico, como espiritual, científico (conocimiento de las plantas, por ejemplo), económico (sistemas de ahorro e inversión que son específicos para nosotros), político (sistemas de organización de naciones y hermandades Negras) ...

Esto forzosamente nos empuja a volvernos a posicionar frente a nuestros Ancestros, pero también frente a quienes perpetraron el crimen. ¿Nos sentimos hijos de sangre de nuestros Ancestros o hijos creolizados de los autores del crimen sufrido por nuestros Ancestros?

El futuro dirá si nos inscribimos en la continuidad de los combates librados por nuestros Ancestros. Ellos lucharon por nuestra libertad ... Nosotros, ¿qué decidiremos? Ciertamente, tenemos nuestras propias batallas que librar para garantizar un mejor mañana a nuestros hijos. ¿Lo haremos siguiendo y ejecutando el proyecto de aquellos que nos dirigen desde la época esclavista (a pesar de sus crímenes contra nuestros Ancestros) o lo haremos encontrando nuestra propia vía colectiva mientras respetamos la memoria de nuestros Ancestros?

Guadalupe, 13/02/2020

Reparaciones, Reconocimiento, Justicia

Por Su Majestad la Reina Madre Dòwòti Désir Hounon Houna II Guely

The AfroAtlantic Theologies & Treaties Institute

...Y bien, ahora os pregunto:

¿No tengo acaso... un abuelo nocturno

... un abuelo mandinga, conga, dahomeyano?

¿Cómo se llama? ¡Oh, sí decídmelo!

¿ Andrés? ¿ Francisco? ¿ Amable?

¿ Cómo decís Andrés en congo?

¿Cómo habéis dicho...

¿ El apellido, entonces!

--Nicolás Guillén, El apellido... elegía familiar,1958 (extracto)

Un gran número de personas piensa que es mejor olvidar el pasado a pesar del hecho de que las políticas legales y culturales, los puntos de referencia conmemorativos como los monumentos, generan mucho interés dentro de la diáspora afectada por la Historia Africana. Aunque no ha sido explotado, el concepto de justicia espacial tiene un impacto palpable en las innumerables manifestaciones que exigen reparación tanto cualitativa como cuantitativamente. El argumento avanzado por Theo Van Boven, miembro de la Comisión Internacional de Juristas, es que la única respuesta válida a las violaciones brutales de los derechos humanos de las víctimas son los principios humanitarios. Precisamente, el acceso a la justicia, así como las reparaciones aportadas al mal cometido, forman parte de las medidas correctivas que las sociedades deben asumir. Van Boven también se encuentra entre los que están de acuerdo con el hecho de que existen cuatro (4) formas principales de reparación: restitución, compensación, rehabilitación y la garantía de que estos hechos no volverán a suceder.

La capacidad del estado para encontrar un medio justo de reparar los errores cometidos y remediar las injusticias cometidas para que las voces dominantes no impidan que se escuchen las voces de las minorías constituye la base de una sociedad igualitaria. Idealmente, los derechos civiles de cualquier sociedad permiten a los ciudadanos defenderse al proporcionarles mecanismos para garantizar su seguridad común, su desarrollo individual y el desarrollo de sus competencias. El entorno político y social en el que evolucionamos debe contar con una infraestructura jurídica que favorezca la construcción y el mantenimiento perenne de estas libertades. Una visión común sobre las leyes relativas a los derechos humanos constituiría el tejido fundamental de la buena gobernanza y una democracia digna de ese nombre, al ser accesibles para todos los miembros de la sociedad, especialmente para aquellos a quienes más les han faltado cuando necesitaron que se velara por el respeto de sus derechos más inalienables.

El Pluralismo, la falta de hegemonía o la diversidad de las poblaciones, aunque son un activo para las sociedades, también son fuentes de conflicto. Una de las virtudes de la democracia es garantizar la integración de todos, a pesar de las fricciones que surgen entre las diferentes culturas, etnias o sensibilidades raciales. La uniformidad de los valores fundamentales se consolida durante la constitución de un estado, los procesos electorales, la separación de poderes y las medidas de protección contra las violaciones de los derechos de sus ciudadanos. Las políticas de estas sociedades deben reflejar estos ideales si queremos vivir en una sociedad sin contradicciones e inconsistencias; sin embargo, la dignidad de los individuos debe ser preservada y asegurada por el estado. Las políticas y prácticas culturales de estas sociedades deben llevarse a cabo juntas e integrarse en un amplio marco operativo. Sin embargo, constatamos una dinámica de fuerte inercia que pone el velo en los círculos culturales y las tentativas de las sociedades para preservar su patrimonio, sociedades que, sin embargo se enorgullecen de sus instancias democráticas. En la manifestación de sus poderes públicos, las sociedades se ven abrumadas por las misiones del estado o las aspiraciones de la sociedad civil (ciertos sectores), por ejemplo, grupos de intereses específicos. Los juristas como Van Hoven tendrán que considerar en qué medida la evolución de la reflexión, es decir, la reflexión espacial, podrá afectar a los valores sociales, las dinámicas de los poderes públicos y las medidas de reparación o restitución.

Todo ciudadano tiene derecho a saber cómo ha funcionado el estado a través de las relaciones históricas de sus grupos o mediante vínculos con su gobierno y otros actores dentro de las fronteras jurídicas comunes. Su paisaje asimétrico, ya sea político, económico, judicial, estético espacial, contribuye a reforzar, entre los afrodescendientes, el sentimiento permanente, ya que no existe un reconocimiento formal típicamente africano, del conocimiento o de la aceptación de los valores tradicionales africanos.

Esta cuestión aborda el tema del reconocimiento, tanto fenomenológica como jurídicamente, así como la ética y similares, dada la dimensión global de la "Afrofobia".

"Me sentiría mucho más en seguridad si estuviera seguro de tener una embajada donde pudiera refugiarme como lo hace un coreano cuando las cosas están mal ... No tenemos opciones, al contrario, estamos bloqueados en un sitio que no reconoce nuestra historia. He escuchado a prisioneros y familiares preocupados por la desaparición de sus allegados durante una detención administrativa. Los Negros no confían en el gobierno, nunca hemos tenido confianza ". Sydney K. oficial de policía retirado

El miedo a desaparecer en manos del estado no es un miedo irracional. Doudou Diène, en funciones en las Naciones Unidas como Relator Especial sobre las formas contemporáneas de racismo, discriminación racial, xenofobia y formas conexas de intolerancia (2002-2008), imploró en su momento de repensar la construcción de reparaciones en el seno de los afrodescendientes, enfatizando en el hecho de que el silencio y la invisibilidad constituyen los pilares ideológicos de la discriminación, la explotación y la dominación permanentes. Diene, argumentó en su artículo de

2006, El racismo anti-Negro en la era de la globalización: problemas, desafíos y perspectivas posteriores a Durban escribiendo:

"La invisibilidad es económica y política. Data de la época de esta construcción (intelectual, histórica y cultural).... Y ha sido consolidada por la empresa colonial ".

Esta invisibilidad es una de las profundas consecuencias del racismo anti-Negro. Es aún más paradójico ya que el Negro, por su color y por todas las formas de manifestación del racismo, es el más visible. La otra dimensión es el silencio. Primero, el silencio histórico, el hecho de que los libros de historia que se han escrito y que la mayoría de los países europeos han continuado y no solamente de una manera más o menos sutil, han afiligranado incluso la construcción intelectual del racismo anti-Negro, el confinamiento del Negro en la imagen de una criatura de dolor... Un Homo doloris.

Diene reflexiona sobre cómo la invisibilidad económica y política de los afrodescendientes tiene una base intelectual y cultural paralela a la historiografía del silencio. Un punto destacado por Rolph Trouillot, "...la producción de relatos narrativos históricos implica una contribución irregular de grupos en competición y de individuos que tienen acceso desigual a los medios de tal producción... El signo supremo de poder podría ser su invisibilidad, el desafío supremo, la exposición de sus raíces". Diene insiste en que la literatura omite mencionar que la persona Africana crea el modelo de racismo contra los Afrodescendientes. Al final, nos encontramos envarados en el dolor, homo doloris, una conclusión similar a la de Diene sobre las posibles reparaciones, una consideración que va más allá del paradigma económico, porque apela al aspecto ético, científico y educativo de las reparaciones. Sus comentarios se centran en lo político y lo literario, pero lo mismo podría decirse de las conmemoraciones. Esta sutil forma de represión hace destacar la inferioridad histórica física y mental del entorno en el que viven los Afrodescendientes.

Esta situación hace que las libertades civiles sean aún más inestables. La ausencia habla de segregación en la imaginación, las historias, una ausencia de verdadera convivialidad incluso en las comunidades más multiculturales y heterogéneas. Recordamos el dilema de la imprescriptibilidad. El Yo no puede ser borrado, cualquiera que sea la duración concedida al tiempo para desestabilizar la ocurrencia de un crimen. Mutombo Kanyana en su ensayo : "Reconocimiento, Reparación y Reconciliación: de la Conferencia de Durban a los puntos muertos actuales. La necesidad de un nuevo paradigma" (2009) resume acertadamente el movimiento global de reparaciones. Nos recuerda que, si bien la historia de las reparaciones comenzó en los Estados Unidos con los fundadores del Movimiento Panafricano, podemos prestar especial atención al texto de W.E.B. Dubois de 1947, titulado "Petición en nombre de los Negros". Otros, como Paul Roberson, Malcom X, la Reina Madre Moore y Ray Jenkins continuaron este impulso, no fue sino hasta finales del siglo XX que la creación del Comité de Coordinación de Reparaciones fundado por Charles Ogletree sirvió de caja de resonancia en la imaginación popular de Blancos y Negros. Las Reparaciones son una respuesta humanitaria y un remedio para las violaciones de los derechos humanos. (2) Los audaces pero fallidos esfuerzos de la sociedad civil y los líderes gubernamentales como el chef Bashorun Moshood KO Abiola (Nigeria, 1990) y el presidente Jean Bertrand Aristide (Haití, 2003) que respectivamente brindaron apoyo financiero importante para esta causa, son un precedente jurídico e histórico bien documentado en vistas a las reparaciones, con una visibilidad mediática internacional consistente, grupos activistas como la Coalición Nacional de los Negros por la Reparación con sede en los Estados Unidos (N'COBRA), Movimiento del 12 de diciembre, y grupos ghaneses: las Reparaciones del Nuevo Mundo Africano, así que la Reparation Truth Commission así como muchos otros, llegaron a la conclusión de que se debían 777 trillones de dólares a los Africanos Negros y a sus descendientes.

La Conferencia Mundial contra el Racismo, la Discriminación Racial, la Xenofobia y las Formas Conexas de Intolerancia que tuvo lugar en 2001 en Durban, Sudáfrica, asumiendo el peso abrumador de los crímenes geo-históricos étnicos, basados en el género y otras fronteras del colonialismo, apoyó estos esfuerzos. En la Conferencia de las Naciones Unidas de examen de Durban sobre la evaluación del racismo, la discriminación racial, la xenofobia y las formas conexas de intolerancia celebrada en Ginebra, Durban Review, la coalición fue apoyada con éxito, las cuestiones relacionadas con las reparaciones fueron aplastadas con los requisitos de los Estados Unidos cuyo objetivo era modificar los términos del documento final. Estados Unidos continuó boicoteando sistemáticamente el proceso, incluida la ausencia del Congreso del Consejo Negro. Otra vez en junio de 2009, el día antes del diecinueve de junio, Juneteenth, (la fecha en que se honra la emancipación de esclavos de 1865), el Senado de los Estados Unidos aprobó una resolución en la que presentaba sus excusas por la esclavitud mientras incluía una cláusula de exención de responsabilidad. Una resolución no vinculante y es importante enfatizar el hecho de que no es vinculante) diciendo que el gobierno de los Estados Unidos de América "...reconoce las injusticias fundamentales, la crueldad, la brutalidad y la inhumanidad de la esclavitud, así como las leyes de Jim Crow, y presenta sus excusas a los Africanos-Americanos en nombre del pueblo de los Estados Unidos por el daño cometidos contra ellos y sus Ancestros que sufrieron la aplicación de las leyes de Jim Crow ". Cabe destacar que estas excusas fueron emitidas bajo la administración del presidente Barack Hussein Obama, el primer presidente de ascendencia Africana.

Aunque sus esfuerzos aún no han dado sus frutos desde 1989, el Representante de los Estados Unidos John Conyers, Jr. (nacido en 1929) persiste en presentar al Congreso el proyecto de ley HR 40: "Para reconocer la injusticia fundamental, la crueldad, la brutalidad e inhumanidad de la esclavitud dentro de los Estados Unidos y las 13 colonias americanas entre 1619 y 1865 e implementar una comisión para examinar la institución de la esclavitud, y luego de iure y de facto así como la discriminación económica contra los Africanos-Americanos, su impacto en los Africanos-Americanos, hacer recomendaciones al Congreso sobre los medios apropiados de encontrarles remedio y para otros fines. "La ley de 1999 (similar a la de 1989 H.R. 1745) fue nombrada H. R. 40 como símbolo de la promesa de "40 acres y una mula" que se había hecho a los esclavos Africanos durante la guerra civil y que nunca fue respetada. La comisión compuesta de 7 miembros debe regresar al Congreso para presentar una serie de recomendaciones.

En 2001, el Movimiento Internacional por las Reparaciones / Konvwa Pou Reparasyon puso en marcha un barco desde la costa de Senegal hasta Martinica en colaboración con el movimiento mundial por las reparaciones. Cada año, un convoy marítimo por las reparaciones recorre la isla de Martinica. La marcha también reconoce los enormes esfuerzos de los abolicionistas en Guadalupe y en Francia, en particular Louis Delgrès (1766-1802) y Victor Schöelcher (1804-1893). Desde entonces, en previsión de esta marcha, dos tribunales populares llegaron a la conclusión de que la esclavitud y la colonización fueron crímenes de lesa Humanidad (2009, 2011). Actualmente se inicia una demanda civil con miras a las reparaciones en Francia. En 2012, por otro lado, los objetivos de reparación salieron a la luz, incluyendo la obtención de fondos para la creación de un instituto de investigaciones genealógicas para todos los descendientes de Africanos; un fondo de compensación para Haití; una reunión dirigida a la creación de una organización de juristas internacionales enfocada en las reparaciones de orden financieras; acompañadas con una protección para los defensores de derechos humanos / abogados. En 2017-2018, los tribunales de justicia franceses rechazaron la demanda de reparaciones alegando que los crímenes contra la Humanidad habían excedido los límites de prescripción. El equipo legal del MIR ha apelado y está esperando una respuesta en 2020 de estos tribunales.

212

(3) En 2013, los Estados miembros del Mercado Común del Caribe (CARICOM) finalmente cedieron a la sociedad civil, que los instaba a presentar conjuntamente una reivindicación de reparaciones con el Plan CARICOM de 10 puntos por el Programa de Justicia, a través de un comité para las Reparaciones dirigido por Sir Hillary Beckles, quien más tarde habló ante el Parlamento británico en 2014. Después de destacar el impacto genocida de la esclavitud en el Caribe y los daños que ha causado hasta la fecha en el tejido social, hizo un llamamiento urgente, para una acción de justicia con el objetivo de reparaciones a través de iniciativas de salud, educación y recursos humanos, así como varias cuestiones de desarrollo para que se considere una cuestión de orden jurídico, de carácter moral, que los funcionarios diplomáticos británicos deben tener en cuenta en todo el mundo. En 2019, Gran Bretaña acordó pagar £ 20 millones de libras esterlinas a modo de reparación.

El estado corre el riesgo de disminuir sus capacidades al no reconocer el alcance de su capital humano. El desarrollo de cada ser humano es de orden psicológico, moral, ético, intelectual, espiritual, material y espacial. Los derechos humanos están intrínsecamente vinculados al desarrollo humano y nuestra memoria nos recuerda respetuosamente esta realidad. Negar la memoria conduce a la pérdida de derechos adquiridos humanos. Esto proporciona a un grupo un sentido de superioridad moral e impregna a otros con complejos de inferioridad. La negativa a reconocer la naturaleza épica de esta tragedia significa que no es posible una excusa digna de ese nombre, y sin este tipo de excusa, no es posible la reconciliación. Sin reconciliación, las injusticias no pueden remediarse correctamente. Mientras persistan las injusticias en una sociedad, seguirán prevaleciendo los antagonismos, la no-convivialidad, las disparidades y las desigualdades.

La petición final de Guillén, en El apellido ... elegía familiar, plantea la monumental, puntiaguda y más fundamental de las cuestiones humanas planteadas por prácticamente todos los Africanos en la diáspora que están a punto de ser desconectados (en particular, aquellos que no saben nada sobre sus orígenes a lo largo de varias generaciones): ¿Sabéis mi otro apellido... el apellido sangriento y capturado.... que pasó entre cadenas sobre el mar? Su obra nos cuenta el hecho de que nuestras historias compartidas están incompletas ya que se han omitido las referencias históricas mnemónicas, sociales y lingüísticas. Está buscando uno de los tres pilares temáticos del Decenio 2015-2024 para los pueblos descendientes de Africanos, "Reconocimiento, Justicia, Desarrollo". Este reconocimiento, que tiene una función de justicia reparadora, sugiere que existe la capacidad de reconocer la naturaleza distinta, el valor requerido o la percepción del valor de una persona, objeto o lugar. La relación entre reconocimiento e identidad también está influenciada por la memoria. Legalmente, el reconocimiento está articulado con el rol de cada uno en la sociedad. El reconocimiento habla sobre su representación en el estado y también se refiere a la capacidad de modelar sus resultados. El reconocimiento también incluye interactuar sobre los factores que amplifican su representación dentro del estado, incluida la capacidad de mejorarlo para formar espacios de existencia más equitativos, reducir y eliminar disparidades que contribuyen a producir injusticia y obstaculizar el desarrollo. La construcción de monumentos conmemorativos debería ayudar a construir mejores estrategias de reparación, especialmente cuando eruditos como Kanyana y Diene han abogado por una definición más amplia que incluya componentes éticos, económicos, científicos y académicos más allá de las exigencias financieras de la sociedad civil. Como dispositivo mnemónico, las reparaciones favorecen una interpretación más amplia, fractal y sofisticada del paisaje político y su contexto histórico. Convocar a los recuerdos y al reconocimiento está vinculado a la dinámica de nuestros gobiernos, es necesaria una presencia duradera en todos los frentes para obtener las restituciones, en particular para las personas consideradas minorías en su sociedad. Los monumentos conmemorativos fomentan la visibilidad y la preservación de la historia. Esto permite reconocer la evidencia de la dimensión humana de los otros en el paisaje a través de su presencia histórica, sus orígenes y su lugar. Tout moun se moun, todo el mundo tiene una historia.

NOTAS FINALES

1. El jurista Theo Van Boven ha escrito extensamente sobre el derecho a la reparación de las víctimas de diversas violaciones de los derechos humanos internacionales, proporcionando principios y directrices para las Naciones Unidas y otras instituciones mundiales.

2. El fallecido Moshood Abiola hizo una importante contribución financiera a los movimientos de reparación de 1990. Después de ser candidato a la presidencia de Nigeria, fue encarcelado por activismo político. Unos días después de ser liberado, Abiola murió en circunstancias misteriosas (1998). El presidente Aristide fue desacreditado personalmente por los medios de comunicación y el gobierno de los Estados Unidos, provocando un golpe de estado en 1991 que puso fin a la primera democracia en la que un jefe de estado fue elegido democráticamente en Haití. Regresó al poder en 2003 solo para ver que sus desafíos de poder legítimo coincidían con sus demandas de reparación al gobierno francés, equivalente a $ 21 mil millones de dólares y que este último ya desestimó ilegalmente al joven estado-nación inmediatamente después de la independencia.

3. En 2013, los jefes de gobierno de CARICOM emitieron una demanda de reparación dirigida a los gobiernos británico, holandés, francés y otros. La decisión se alineó con los esfuerzos de los diputados de la Unión Europea bajo los auspicios de Jean Jacob Bicep, entre otros, para establecer una fecha oficial para el reconocimiento de la esclavitud y la colonización europea, recomendando el establecimiento de una comisión regional por las reparaciones con base en el Caribe. En septiembre de 2013, su primera conferencia para obtener reparaciones se celebró en el estado insular de San Vicente y las Granadas, bajo los auspicios del primer ministro Ralph E. Gonsalves. Las determinaciones principales incluyen:

a)   Todos los países de CARICOM forman sus propias comisiones nacionales por las reparaciones.

b)   Todas las comisiones regionales de CARICOM recibirán capacitación en la reunión de comisiones nacionales en septiembre de 2013.

c)   Se solicita a la Universidad de West Indies (Antillas Inglesas) que establezca una unidad de investigación de reparaciones para proporcionar directivas de trabajo a la comisión CARICOM, una solicitación hecha por los funcionarios de CARICOM.

Esta acción ha acompañado una gran cantidad de recomendaciones hechas por descendientes Africanos para lograr sus objetivos con respecto al "Reconocimiento, el desarrollo de la justicia". La demanda presentada a la Asamblea General de las Naciones Unidas se tituló "Informe del Grupo de Trabajo de Expertos sobre personas de ascendencia Africana, 11° período de sesiones, añadido al borrador del Programa de Acción para el Decenio de los Pueblos descendientes de Africanos. "Orden del día de la 21ª sesión del Consejo de Derechos Humanos, artículo 9, del 3 de agosto de 2012. Las posiciones tomadas son consistentes con la carta del 29 de julio de Abdurahhman M. Shalgam, Embajador y Representante Permanente de Libia, quien puso de relieve la necesidad de compensación por los daños causados por el colonialismo, propuesto a las Naciones Unidas. Además, en las recomendaciones formuladas en AfricaRat-Berlin en 2010, el Tribunal Popular concluyó que la colonización es un crimen de lesa Humanidad durante la 125a conmemoración de la conferencia Berlín-Congo (1885).

Aunque no se discutió durante la conferencia, se debe considerar el entorno, ya sea natural o fabricado, como referencias para la memoria, y en este enfoque, el inventario de todos los sitios relevantes debe acompañarlo.

4. Presentación de Stephen Campbell, Nuevos enfoques de la UNESCO para la interpretación de la esclavitud en sitios y museos, Universidad de Virginia, febrero de 2018.

Este texto es un capítulo modificado extraído de, Wòch kase wòch: *"Redlining a Holocaust, Memorials and the People of the AfroAtlantic"* (Discriminando un Holocausto, monumentos conmemorativos y el pueblo Africano del Atlántico) publicado por Gran Bwa Press, Nueva York, bajo el nombre del autor: Dòwòti Désir 2020.

Texto traducido del inglés al francés por Joséphine Ndiaye

La deconstrucción de la pareja Kamita como secuela de la destrucción de la familia kamita por la esclavitud transatlántica. ¿Qué reparaciones por tantos crímenes cotidianos que quedaron impunes?

Por Juliette Sméralda

Socióloga, escritora, investigadora

La mujer Kamita en el orden social y el orden sexual jerárquico de las sociedades esclavistas del 'Nuevo Mundo' sufre, diariamente, humillación, explotación sexual, violación, violencias físicas, castigos, infantilización e inferioridad, groserías, violencias simbólicas, tratos degradantes etc. El vocabulario utilizado para con ella es a menudo escatológico o sexual, sistemáticamente despectivo. Sin embargo, estas metáforas bestializantes, simbólicas del trato inhumano que sufría, no han logrado destruirla.

La mujer Kamita

La esclavitud transatlántica en las Américas de los siglos XVII al XIX puso en relación poblaciones originadas por civilizaciones que no tenían nada en común. Era "sobre todo un sistema destinado a extraer el máximo beneficio de un pueblo de sujetos rebeldes", sometidos a la fuerza (Gerda Lerner, 1972: 19)[54]. La inhumanidad de sus condiciones de vida se debió al hecho de que estas mujeres estaban atrapadas en un sistema profundamente racista y tiránico, que persistía en ver en ellas solo seres inferiores; una subhumanidad privada de los derechos jurídicos más básicos, a merced de la arbitrariedad de los colonos europeos y americanos, plantadores, amos y administradores de empresas esclavistas, que no las redujeron a la mera función de reproductoras [55], sino también a la de productoras, amantes, consumidoras, educadoras ...

Entre su reificación en objetos sexuales, reproductoras, vientres en lugar de mujeres y madres, objetos exóticos, el imaginario occidental y colonial se esforzó en construir las mujeres Kamitas como figuras estigmatizadas (4) (en las representaciones negativas atribuidas a sus cuerpos hipersexualizados y a su estatus social degradado sistemáticamente). Hasta el punto de que heredan una reputación de libertinaje que hace de cortina a la monstruosa explotación de la que fueron objeto en el sistema económico esclavista ...

---

54 *"De l'esclavage à la ségrégation, les femmes noires dans l'Amérique des Blancs"* (De la esclavitud a la segregación, las mujeres negras en la América blanca), Denoël / Gonthier.

55 Desde el punto de vista de los esclavizadores, las mujeres Kamitas no eran madres, sino simples instrumentos de reproducción de la mano de obra. No eran más que vientres, ganado cuyo valor se medía a la luz de su capacidad para reproducirse. (Angela Davis, 1981).

Pocas fuentes documentan la historia social y cultural de la esclavitud de las mujeres Kamitas. Demasiado dispersas o demasiado raras son las que dan testimonio de su vida cotidiana e íntima. Cuando existen, estas fuentes están tan manipuladas que deberían usarse con precaución. Creímos durante mucho tiempo, escriben Y. Knibiehler y R.Goutaltier (1985: 9)[56], (que estas mujeres) no tenían historia... Ahora sabemos que incluso si solo sufren los sucesos y leyes..., tienen una historia propia, que... también pesa sobre la de los hombres.

"En general, escribe Gerda Lerner (p. 25), "la vida de las esclavas era en todos los aspectos más ardua, más difícil e incluso más limitada que la de los hombres. Tenían que hacer tanto trabajo como estos últimos. Incluso se les confiaba los trabajos más duros (Angela Davis, 1981)[57], hoy calificados "trabajos de hombres". Si se las sometía a los mismos deberes que los hombres, los embarazos y la crianza de los hijos eran cargas adicionales que aumentaban enormemente su sobrecarga de trabajo. Eran castigadas brutalmente, tanto si estaban embarazadas como si estaban enfermas. Se utilizaba deliberadamente el amor que le tenían a sus hijos para encadenarlos a su amo y a la plantación. Los niños

---

56 *La femme au temps des colonies*, (La mujer en la época de las colonias) Stock.

57 *Femmes, race et classe*, (Mujeres, raza y clase) Des femmes, 1981

podían ser utilizados como rehenes en cualquier momento si intentaban escapar. Como resultado, tenían menos oportunidades de huir que los hombres.

La apropiación del cuerpo y la sexualidad de la mujer Kamita.

En la plantación, el uso físico constituía la esencia de la relación del colono con su "propiedad". "Uso físico expresado en su forma más breve y sucinta: uso sexual. Único uso físico posible" - "uso del cuerpo de la mujer" - "cuando el encuentro es fortuito y no hay vínculos sociales estables." (C. Guillaumin, 1992: 23)[58]. La forma de apropiación de la que es objeto no es monetaria, ya que si la mujer Negra es tratada como una prostituta, su condición de esclava no requiere ni su consentimiento, ni una contrapartida financiera, ni un tiempo codificado monetariamente. La violación [59] constituye una apropiación violenta y abusiva de su cuerpo, porque las mujeres generalmente no se prestan a esta forma de apropiación de su ser. "Esta situación...la mataba psicológicamente...aniquilaba todo respeto por sí misma". Se sentía (profundamente) sucia, no respetada, despreciable, vil.

---

58 *Sexe, race et pratique du pouvoir / L'idée de nature*, (Sexo, raza y práctica del poder / La idea de naturaleza) Editions Côté-femmes.

59 Rol de la violación - apropiación de la sexualidad de las mujeres - en esas fantasías (acto sexual sin contrapartida): "servicio" arrancado por la fuerza ...

"Y eso llegaba muy, muy lejos en su alma. Y este sufrimiento se ha perpetuado desde entonces en las mujeres antillanas".[60]

El hombre Kamita

El hombre Kamita fue despojado de todos los atributos de poder con los que le había dotado su civilización, antes de su deportación a las Américas y su reducción al estado de esclavitud. Durante el tiempo que duró su esclavitud, los colonos y sus sociedades se esforzaron para emascularlo, privarlo de todo espíritu competitivo y todo deseo de competir con los blancos[61]. Reducido al estado más degradante de un mueble-semental, explotado en su función más básica de "animal reproductor", nunca fue puesto en una posición para ejercer las funciones de esposo y padre, y menos aún para tener responsabilidades familiares, durante siglos de dominación esclavista y colonial. Debido a la falta de instituciones, los usos en los que debería haberse basado la unidad de la familia Kamita estaban en ruinas, gravemente dañados (Laclef-Feldman, 2002). Esta familia, a pesar de los pesares, no pudo evitar adaptarse al desastre colonial,

---

60 Maryse Laclef-Feldman, "La matrifocalité antillaise : son évolution" (La matrifocalidad antillana: su evolución), Revista Internacional de Victimología, JIDV (por sus siglas en francés) Revista de Victimología y Traumatismo Psíquico desde 2002 - ISSN 1925-721X.

61 Desde la esclavitud, el hombre Negro está desposeído de todas las formas de poder, autoridad y función parental, que eran acaparadas por el amo ...

fundando hogares que fueron escenario de conflictos violentos (idem).

De estos dramas que lo han abrumado durante siglos se desprende que el hombre Kamita esclavizado "ha experimentado un doloroso viaje a través de las etapas históricas de un sometimiento que lo enfeudaba, lo frustraba y lo alienaba a través de actos vergonzosos, y abusos perpetuos contra su persona. "En todo su sufrimiento, por lo tanto, no pudo asumir una vida de pareja. Continuó huyendo en irresponsabilidad, huyendo en ligereza, huyendo en adulterio, huyendo en agresividad hacia las mujeres. Su autoridad ha sido tan deshonrada (...) que hay violencia de vez en cuando en su hogar. (Laclef-Feldman, 2002).

Enfrentada regularmente a escenarios destructivos y expuesta a la violencia material y moral de su hombre, la mujer Kamita de las Américas tendrá más o menos éxito en consolidar su situación material, pero el hombre Kamita, que no ha fundado las instituciones sociales en las que él vive, nunca será, sino solo accidentalmente, una seguridad para la mujer y el niño Kamita ...

El niño Kamita

Cuando nacía; cuando no había sido sustraído de las desgracias de la esclavitud por infanticidio, el niño Kamita pertenecía primero a los esclavizadores , tal como fue el caso de sus padres. "La práctica de las amas de comprar niños pequeños como criados domésticos para hacer de todo alimentó la costumbre de separar a los niños de sus padres

(Gerda Lerner, 1972)." Casi nunca se consultaba a los padres cuando se trataba de decidir qué iba a pasar con sus hijos; tienen tan poco control sobre ellos como las mascotas sobre sus crías. Esta indiferencia ejerce violencia contra todos los sentimientos naturales y sociales, contra toda ternura; los esclavos son tratados como si estuvieran privados de toda emoción humana. (Lerner, p. 31).

Aquí están los ecos de algunos dramas vividos diariamente por padres que no tienen poder para proteger a sus hijos:

"Un día, Fennel regresó de los campos y su hija ya no estaba allí. Su esposa estaba en el suelo, desmayada. Su bebé había sido vendido.»[62]

La ley de la arbitrariedad más total reinaba, como lo muestra este texto de Racines (p. 257): "(...) bebés Negros que aún estaban en el seno de su madre eran ofrecidos como regalos, propuestos como apuestas de los juegos de cartas o peleas de gallos. El violinista le había contado la historia de ese amo que, mientras moría, le había legado a cada una de sus cinco hijas un bebé aún no nacido de su esclava Mary de 15 años, y ya embarazada. Se daban niños Negros como garantía para los préstamos, los bebés aún en el útero eran reclamados por los acreedores, canjeados por los deudores para liberarse de una deuda. Sabía que durante las subastas de esclavos en la capital del condado, un robusto bebé negro de seis meses,

---

62 *La Virginienne,* (La Virginiana) Barbara Chase Riboud, Albin Michel, 1981.

edad suficiente para presumir que sobreviviría, alcanzaba los doscientos dólares."

"Un plantador de Baton Rouge...compró Randall. Durante todo el tiempo que duró la transacción, Eliza pegaba gritos... Le rogó al hombre que no comprara a su hijo sin comprarla a ella también con su pequeña Emily... Freeman se volvió salvajemente hacia ella, levantó el látigo que tenía en la mano y le ordenó que detuviera el estruendo, si no quería que la azotara. No iba a tolerar tal conducta, esos lloriqueos; si no se detenía de inmediato, la llevaría al patio para darle cien latigazos... Continuó rogando e implorando de la manera más lamentable del mundo que no los separasen... De nada sirvió... el trato se hizo y Randall tuvo que marcharse solo...".

"La mayoría de los habitantes no presta atención a la educación animal de los hijos de sus esclavos. Las madres los llevan sobre sus espaldas en el campo y los dejan todo el día abandonados, al calor del sol abrasador. Concluyo de todos estos vicios que estas son las causas principales de la pequeña población de Negros en nuestras colonias, y es un mal casi general en todas nuestras colonias de Negros." [63]

---

63 El marqués de Fénelon, gobernador de Martinica, carta del 11 de abril de 1764 al ministro, citada por G. Debien (2000: 362-363).

La familia Kamita

La esclavitud transatlántica fue este largo período, de violencia sin igual, de destrucción en regla de la Persona, de la Humanidad y de la familia Kamita; marcado por la venta de madres, de padres y de hijos arrancados de sus padres ...

Los sufrimientos persistentes padecidos por los esclavizados expuestos a crueles separaciones que destruían los lazos afectivos que mantenían entre ellos, lamentablemente, no han sido objeto de estudios en profundidad. Gerda Lerner informa que incluso cuando estaban casadas, las doncellas y las costureras a menudo dormían en los apartamentos de sus amas, directamente en el suelo. Una de ellas, casada desde hacía once años, nunca tuvo permiso para dormir en ningún otro lugar que no fuera el dormitorio de su ama. A los esclavizados domésticos rara vez se les permitía socializar entre ellos durante el día, ya que su trabajo los separaba. No eran infrecuentes, los casos donde el esposo y la esposa no pertenecían al mismo propietario.

"La familia antillana se adaptó al desastre colonial", pero las relaciones dentro de la pareja Kamita están particularmente cargadas de sufrimiento (Laclef-Feldman).

"Dado que las Negras no eran "mujeres" según la norma, el sistema esclavista desanimaba la falocracia entre los hombres Negros. Los esposos y esposas, padres e hijas estaban todos colocados bajo la tutela absoluta de los amos. Favoreciendo la falocracia, se habría amenazado peligrosamente al poder. Además, como las (mujeres) Negras no eran consideradas representantes del "sexo débil" ni "amas de casa", los hombres Negros no podían reclamar el título de "cabeza de familia" ni siquiera satisfacer sus necesidades materiales (...), Hombres, mujeres y niños "entretenían" la(s) clase(s) esclavizadora. Todos trabajaron uno junto al otro en las plantaciones, de acuerdo con un esquema indiferenciado que no estructuraba ninguna jerarquía entre los diferentes miembros de la familia..." (A. Davis, 1981: 17).

En la sociedad (post)-colonial, la pseudo institución en que se convierte la matrifocalidad en su versión colonial y racista, basada en la evacuación del padre, debilita a las mujeres. Los europeos, que consideraban la reproducción de los Africanos en las Américas como un puro problema de cría, solo la destinaban a favorecer el crecimiento de su "capital demográfico". Por lo tanto, prohibieron toda institución matrimonial a los esclavizados. El hombre fue "resignado" de la familia y transformado en un plusmarquista sexual, un genitor irresponsable. Maryse Laclef-Feldman lo analiza en términos de patología, como resultado de "la historia de la esclavitud triangular, que condujo a la destrucción del papel del padre, y la necesidad de la influencia preponderante de la madre en la educación de los niños, para compensar esta falta que ha socavado estas sociedades durante 160 años... Fue en este clima deletéreo que se instituyó una aculturación sistemática de los Kamitas a los valores y estándares de los europeos, cuando en el siglo XIX, un mínimo de integración se hizo necesario para continuar la explotación colonial."

La aplicación del paradigma de la pareja blanca a las mujeres negras la excluía de todo lo que está positivamente definido y socialmente reconocido. Esta exclusión es responsable de la aparición de mitos coloniales destinados a edulcorar los desastres sociológicos causados entre los Kamitas por el estado de ruinas en el que los sistemas esclavistas y coloniales los dejaron a ellos, y a sus familias cuando las habían.

La invención de la "macho-mujer" es significativa de los efectos de tales desastres transformados en mito fundador de la destrucción colonial de la familia Kamita reducida a la familia monoparental, en un mundo de valores occidentales, donde se manifiesta la dominación masculina y supremacía blanca en toda su extensión...

La construcción colonial de la macho-mujer solo mantiene por defecto un vínculo con la idea Kamita de que la mujer era **"la viga central de la casa"**, lo que le garantizaba una gran independencia basada en el respeto a su personalidad, su linaje, y su cónyuge... Ella era una fuerza económica, ocupando un lugar importante. Ella no existía solo a través de su condición de esposa o mujer sometida. Más a menudo que raramente, ella ocupaba un lugar honorable en la vida de la comunidad, en la dirección de los asuntos relacionados con su pueblo[64].

---

64 Sarah Kala-Lobé, *"Situation de la femme dans la société traditionnelle, dans La civilisation de la femme dans la tradition africaine"* ("Situación de la

La alta tasa de fracaso social entre los Kamitas de las Américas está relacionada con la destrucción de los lazos históricos que estructuraron su comunidad humana a través de una red completa de lazos intrafamiliares y sociales tanto más efectivos por su gran complejidad. En estas sociedades que practican la discriminación socio-racial como una ética, los jóvenes Kamitas que crecen hasta casi el 50% en hogares matrifocales, están en desheredación, por falta de baluarte familiar. Al tener que asumir sola las funciones del padre y de la madre, la madre se ve desbordada rápidamente y los niños deben valerse por sí mismos, librándose a las drogas psicotrópicas, a la delincuencia (Laclef-Feldman, 2002).

A pesar de los innumerables maltratos que les infligió el sistema inhumano de la esclavitud, y el rol funesto que les hizo jugar contra los hombres de su comunidad, hay que considerar, como Gerda Lerner, que las mujeres Kamitas *"participaron en todos los aspectos de resistencia mucho más de lo que los historiadores han reconocido hasta ahora; de la rebelión al sabotaje y a la resistencia pasiva. Su esfuerzo debe, absolutamente, tenerse en cuenta cuando uno piensa en la lucha que los Negros libraron ... para sobrevivir."*

---

mujer en la sociedad tradicional", en La civilización de la mujer en la tradición africana), Coloquio de Abidjan, 3-8 de julio de 1972, Presencia africana, 1975, [92-105].

Guayana: Conocer el crimen contra la Humanidad para no mantenerlo

Por Apa Mumia Makeba (Benoît Bechet)

Presidente del MIR Guayana

Es en el rechazo del otro cuando comienza la toma de conciencia y nuestros Ancestros lo experimentaron en sus carnes desde que fueron arrancados de su tierra natal.

Cuando esta manifestación continúa a través de presuntos progresistas, la ruptura se vuelve inevitable. Así, en 1967, la mayor unión sindical de Guayana cortó el cordón umbilical que la unía a la CGT. En sus estatutos, está inscrito el requisito de independencia nacional de Guayana.

Estas pocas palabras explican el lugar y el contexto en el que surgió el concepto de crimen contra la Humanidad y las reparaciones.

Casi una década después de la muerte del fundador y primer secretario de la UTG, Turenne Radamonthe, todos tenían razones para justificar su retirada ante el decreto cuyo objetivo era conmemorar la abolición de la esclavitud. Sin embargo, las manifestaciones conmemorativas tuvieron una cobertura mediática muy alta. Nuestro silencio se hacía cómplice de una situación que traicionaba el recuerdo de nuestra línea sindical, así como la historia de la resistencia y, lo que es peor, enaltecía a quienes promueven *el culto del Salvador Blanco.*

Fue a la muerte del fundador de la UTG el 9 de junio de 1989 que la Unión sindical decidió, al año siguiente, marcar el evento que finalmente se llamará *9 y 10 de junio, jornadas de resistencia contra la explotación capitalista y colonialista.* Desde entonces, todas las manifestaciones se han asociado con los componentes de base del pueblo de Guayana, a saber, los guyaneses del valle de Maroni y de la costa y aquellos a quienes los colonos siempre han designado bajo el término de Amerindios. Estos componentes forman una comunidad de sufrimiento, pero también de resistencia.

Durante el año del cientocincuentenario de este decreto, el comité "Sa ou pa konèt gran pasé ou", incluida la UTG, desarrolló el tema desde el ángulo del crimen contra la Humanidad, denunció la falsificación de la historia y esto durante una importante conferencia celebrada en febrero de 1998 por el profesor Obenga. Este último demostró la base del crimen y desmanteló las falsedades universitarias derivadas de las ciencias de la etnología dedicadas a África y basadas en las teorías del filósofo Hegel. Ese mismo año, el consejo regional de Guyana debía decidir sobre la propuesta de los miembros elegidos del M.D.E.S. Aunque la asamblea, representada principalmente por personas de ascendencia Africana y a pesar del éxito de esta conferencia afirmando que esta tragedia fue un crimen contra la Humanidad, el grupo mayoritario de esta asamblea subordinó su decisión a otras "investigaciones" para tener una opinión más "fundada".

Fue a raíz de la movilización de los Afrodescendientes en Durban en 2001, de la Ley que reconoce la esclavitud como un crimen contra la Humanidad, realizada por Christiane

Taubira y la publicación del libro por Rosa Amelia Plumelle-Urible "La ferocidad blanca" que la cuestión de las reparaciones tomó forma a través de la creación del MIR *atè Gwiyàn*.

Durante una conferencia organizada el 10 de junio de 2003, con rango de congreso del pueblo, en presencia del mismo presidente de la región, se decidió la construcción de un lugar de memoria, a contracorriente de la historia oficial, en el municipio de Rémire, primer lugar de deportación de Africanos, pero también de resistencia y cimarronaje.

El 10 de junio de 2004 en Guyana comienza el primer convoy por las reparaciones, la colocación de la primera piedra por el M.I.R. (compuesto por varios componentes sindicales, asociativos y políticos y delegaciones de Martinica y Guadalupe). El 10 de junio de 2008, erección de la estatua de los cimarrones de la Libertad, que fue el primer monumento en homenaje a las luchas de los Ancestros Africanos contra la Maafa*. En 2009, inauguración oficial con rituales Afro-amerindios y más tarde, como parte del Día Internacional de la Mujer, cambio de nombre del lugar que alberga "la estatua de los cimarrones de la libertad" por la de la heroína Adelaide Tablon. Algunos historiadores o profesores de historia han criticado esta elección de nombre, argumentando que su historia no tuvo lugar en el período anterior a la abolición. Esto es olvidar que el crimen no solo no se ha detenido todavía, sino que continúa como lo demuestra la tesis de Hegel basada en el determinismo geográfico y argumentando que África al ser una zona caliente no es propicia para la razón. Más recientemente, el discurso de Sarkozy en Dakar y numerosos ejemplos demuestran que el racismo es la ideología y la sustancia de la tragedia Africana. En el caso de nuestra madre Adélaïde Tablon, ella luchaba precisamente contra este racismo; además, es un símbolo fuerte, porque ganó el combate que la oponía a las autoridades coloniales que querían imponer un colono en lugar de un Afrodescendiente elegido por la comuna de Roura.

La lucha por las reparaciones encuentra sus límites en la ignorancia del crimen, por lo tanto, en una mala evaluación de los perjuicios. Esto no permite identificar ni a las víctimas ni a los culpables. Sin embargo, la ocupación de Guyana por un estado que ejerce su poder fuera de sus fronteras territoriales parece evidente. A menos que se valide la idea de que los Melano-africanos son subhombres, porque siempre son los excluidos en casi todas las áreas de la vida pública, social, económica, etc.

Sin embargo, las reparaciones no pueden ser solo simbólicas, a menos de desacreditarse a sí mismo, y aquí nuevamente se interiorizaría la inferioridad de las personas de ascendencia Africana.

¿Cuál es nuestra realidad **geopolítica** hoy cuando los países que nos rodean, Surinam, Brasil, Guyana, Venezuela que forman el altiplano de Guyana son independientes y que los pocos acuerdos bilaterales y de cooperación económica entre Guyana (bajo supervisión francesa) y sus vecinos solo existen por procuración.

La realidad **cultural** debería permitir la supervivencia de las prácticas tradicionales de antes de la Maafa, pero la dominación política es tan fuerte que las comunidades que resistieron ayer son conquistadas por los valores extranjeros y cuando no caen en la política asimilacionista que afecta una parte muy grande de los habitantes de la costa de Guyana, muchos de sus miembros, en el interior del país, se suicidan.

En el plano **cultual**, en la gran mayoría de la costa y ahora en las orillas del Maroni, estamos presenciando una diseminación de religiones importadas que relevan del régimen colonial.

En el **sistema educativo**, en todos los establecimientos (incluidas las universidades), la enseñanza forma parte de un proyecto de civilización europeo. Los programas de estudio y el calendario del año escolar respetan la visión francesa en todos sus aspectos, incluso en contradicción con las realidades climáticas y estacionales.

Lo espacial domina la actividad económica a expensas de la agricultura y la ganadería. Francia ha logrado su objetivo expropiando a los agricultores y cultivadores de su base familiar, social y económica y estableciéndose entre Kourou y Sinnamary, una región conocida anteriormente por su autosuficiencia alimentaria. Esta región había demostrado que, incluso durante la guerra de 39-46 en Europa, su población no solo no tenía los problemas alimentarios experimentados por la capital, sino que les suministraba productos ganaderos. Hoy Guyana se encuentra bajo la dependencia de una actividad económica sujeta al mercado satelital. La actividad espacial no vino para complementar lo existente, sino para reemplazarlo. Hoy, la actividad económica se ha vuelto dependiente de los subsidios. El símbolo colonial de Guyana es el ámbito espacial que sirve directamente a los intereses de Francia y Europa. Goza de una protección estatal muy fuerte hasta el punto de que, hasta la fecha, ninguna autoridad médica ha examinado el impacto de la actividad espacial en la salud. Afortunadamente hubo la gran huelga general de octubre de 92 que reunió a las cuatro grandes confederaciones sindicales UTG, CDTG, FO y FEN bajo el nombre de M.S.U. (Movimiento Sindical Unido) que denunció esta dependencia del ámbito espacial al final de las grandes obras en Kourou destinadas a desarrollar la actividad espacial.

En 2017, fue nuevamente el caso con el sindicato del alumbrado UTG antes de que se le unieran varios colectivos, el punto de partida del movimiento de marzo / abril de 2017.

Desde un punto de vista **lingüístico**, las variantes lingüísticas de los idiomas hablados en Guyana por personas de ascendencia africana tienen raíces y sintaxis africanas, aunque la administración colonial las niega. Estos idiomas no están amenazados con la desaparición como idioma, pero con el tiempo pierden su sustrato africano y ese es el objetivo que se persigue.

Una cita de Aimé Césaire 1962 sobre el llamado idioma criollo citado en la página 9 del libro Jean Luc Divialle indica qué hacer: *"No soy "hablante de criollo" en absoluto! Por varias razones ... Y es que tal vez, tengo la impresión de la imperfección de esta lengua que se llama criollo, que me parece realmente una pequeña lengua regional de un rango extremadamente limitado. No es que la desprecie, pero finalmente, para convertirla en un instrumento válido, habría sido necesario hacer con esta lengua un esfuerzo tan prodigioso como el que hicieron los de la Pléyade o los hombres del siglo XVI con el francés."*. Aquí hay otra perspectiva que no se puede realizar por procuración y que cae dentro del ámbito de las reparaciones: revivir nuestra lengua que la violencia no ha perdonado.

Finalmente si las reparaciones son, fundamentalmente, una cuestión de justicia, es obvio que esta cuestión es eminentemente política y es en este sentido que los parlamentarios franceses aprobaron una ley, pero la amputaron del componente de la reparación para hacerla normativa. Depende del pueblo hacerla funcional a través de la movilización. Sin embargo, la situación política y administrativa de los países bajo la tutela de Francia sigue siendo muy embarazosa y Francia ha decidido hacer la guerra contra el comunitarismo. No especifica que esta guerra está dirigida contra una comunidad en particular, porque hay comunidades en Francia, que tienen sus propias escuelas, sus propios bancos, sus lugares de culto, etc., y que no están amenazadas. Como resultado, la cuestión de la consustancialidad de las reparaciones y el acceso de Guyana a su soberanía plena siguen siendo la consigna más apropiada hoy en día.

La situación de los Estados del Caribe confirma esta conclusión con los avances en la cuestión de las reparaciones.

La auto reparación permite arrojar luz, pero, sobre todo, nos hace conscientes de nuestra capacidad de vivir con dignidad fuera del sistema de depredación impuesto y aceptado por todas y todos, en todas las áreas.

El cuerpo caribeño: ¿cómo puede el arte reparar la memoria orgánica de un sufrimiento histórico?

Por Patricia Donatien

Profesor universitario

Universidad de Las Antillas

El hombre no puede ser entendido si no es considerado y aceptado en su totalidad y singularmente en su relación consigo mismo, en su relación con su cuerpo y en el vínculo sensual que mantiene con el universo, especialmente a través de sus actividades espirituales y artísticas.

En el espacio caribeño, marcado por la violencia de la historia y de los sistemas, el individuo desposeído del libre disfrute de su cuerpo ha reprimido durante siglos sus verdaderos sentimientos, llegando a desarrollar un síndrome virulento conocido por la medicina popular: la blès, herida interna, sentidos perturbados y rastros psicosomáticos de sufrimiento físico y mental soportados durante siglos. El Caribeño, en su relación corporal con el mundo y a diferencia de la imagen estereotipada difundida por el pensamiento colonial y exótico, es un ser oscuro marcado por la brutalidad y la corrupción de la historia. Por lo tanto, para un buen número de personas Caribeñas, la relación con el cuerpo sigue siendo problemática, marcada por un discurso popular, institucional o comercial en el que prevalece un lenguaje exótico, sexualizado y desvalorizador y que conduce a fantasías e ideologías racistas que constituyen una violencia psicológica y simbólica, pero también a la perpetuación del auto-rechazo y de las divisiones sociales y raciales heredadas de la pigmentocracia plantacionaria.

Algunos precursores han denunciado enérgicamente durante décadas la impostura y la falsedad de los discursos preconcebidos sobre el cuerpo caribeño cuyo lenguaje y mensajes reales conllevan fragmentaciones y dolores de la memoria. Los artistas caribeños contemporáneos: escritores, pintores, escultores y coreógrafos abordan el cuerpo y el lenguaje de los sentidos desde el ángulo de una profundización opuesta a visiones exóticas, revelando en un enfoque a veces brutal, la violencia y la fealdad de las marcas del pasado y los traumas del presente que intentan esconderse bajo la máscara de la exaltación del cuerpo: cuerpo hipersexual, a menudo desproporcionado y valorizado en todos sus excesos.

¿Cómo hacer entonces para que este cuerpo aún estigmatizado, rechazado (color de piel y cabello que todavía se perciben y reciben como barreras sociales) o encerrado en prejuicios restrictivos y que aumentan la inferioridad sea reparado y deje de ser, particularmente para los Afrodescendientes de Martinica, fuente de sufrimiento y obstáculo social, económico y personal.?

Una pista posible paralela a lo que pueden ofrecer el psicoanálisis y la reparación ontológica que derivan de una revisión del lenguaje (en particular el abandono de las terminologías animales obra de las clasificaciones de Moreau de St Méry[65]) es el arte y lo que la literatura, la danza, las artes visuales pueden ofrecer a los seres en una revisión reparadora de sí mismos.

Para intentar dar una respuesta a esta problemática, primero es necesario explorar el significado del cuerpo en las sociedades poscoloniales en las que vivimos; en primer lugar, a través del estudio de la imagen de un yo excesivamente desnaturalizado, utilizado en exceso por la publicidad, las redes sociales, los sitios web y otros medios, y en segundo lugar, la visión del cuerpo ofrecida por las expresiones artísticas caribeñas contemporáneas que muestran el lenguaje de la blès, un lenguaje corporal crudo de no-evitación y de contra-exotismo que codifica y estructura las obras recientes. A través de esta verdadera estética de los cuerpos y los sentidos confrontados con el dolor y el exceso, intentaremos demostrar cómo, en una reconstrucción de su cuerpo espacial y en una proyección libre de culpa y renovada de sus percepciones sensuales, el artista caribeño de hoy reconstruye la historia, el espacio y cuenta su mundo y también puede, en cierta medida, ayudar a quienes sufren en

---

65 Louis Elie Moreau de St Méry, *"Description topographique, physique, civile, politique et historique de la partie française de l'isle Saint-Domingue. 1798"* (Descripción topográfica, física, civil, política e histórica de la parte francesa de la isla de Santo Domingo. 1798.) Moreau de St Méry decreta, mediante una ideología supuestamente científica de los colores, una categorización de los Negros basada en el cruce y la cuantificación de "partes" de sangre blanca y negra. Decreta que hay 128 combinaciones posibles divididas en nueve categorías.

sus cuerpos a reconciliarse con ellos mismos. Para llegar ahí, veremos cómo la relación con el cuerpo en el Caribe se articula en torno a una memoria y una vivencia del cuerpo.

¿Qué es un cuerpo, qué memoria del cuerpo para el Caribeño?

Fanon dice que no quiere ser esclavo de la esclavitud. Esto implica para mí que uno no puede contentarse con ignorar el fenómeno histórico de la esclavitud; que no se debe padecer el trauma persistente de manera impulsiva. La superación es exploración proyectiva. El esclavo es ante todo el que no sabe. El esclavo de la esclavitud es aquel que no quiere saber. (Glissant *El Discurso Antillano* 129)

Para muchos de nosotros, caribeños, los traumas históricos de la esclavitud y la colonización parecen tan distantes e impertinentes que, a nuestros ojos, cesan de "constituir una versión plausible de los efectos destructivos que se desarrollan entre generaciones"; sin embargo, la investigación y comprensión cada vez más ilustrada de nuestra historia han permitido a muchos otros entender que la colonización y la esclavitud como fenómenos históricos, así como las características antropológicas de las sociedades criollas, están en el origen mismo de la violencia que la gente todavía sufre hoy. Sin embargo, es más difícil para nosotros discernir cómo se insinúan estos fenómenos históricos en nuestra intimidad, en nuestra comprensión de nosotros mismos, en nuestra relación con nuestro cuerpo y en la que el otro

243

mantiene con este cuerpo. A menudo solo el arte, en la confusión socio-histórica, nos grita nuestra verdad. Michela Marzano, investigadora del CNRS nos enseña que: "Nuestro cuerpo es una de las evidencias de nuestra existencia: es en y con nuestro cuerpo que nacemos, vivimos, morimos, es dentro y con nuestro cuerpo que construimos nuestras relaciones con los demás... nuestro cuerpo es un objeto "

El problema en nuestras sociedades portadoras de estigmas es que plantearse el cuerpo como un objeto no es solo un postulado filosófico, sino una realidad que nuestros bisabuelos vivieron con toda la ignominia del rechazo de la Humanidad. A través del inconsciente colectivo, las cargas cognitivas, las transmisiones de habitus, pero también a través de la violencia simbólica que nos somete y nos convierte en los agentes de esta violencia impuesta, hemos guardado ocultadas dentro de nosotros esta comprensión y esta definición de nuestros cuerpos como objetos. Porque nuestros cuerpos son cuerpos-memoria.

En efecto, la esclavitud y la colonización fueron épocas de negación de la Humanidad durante las cuales los seres humanos fueron rebajados al rango de muebles, deportados, vendidos, explotados, torturados. Los cuerpos convertidos en objetos, cosificados como nos lo dice Aimé Césaire, son negados en su relación con el espíritu, con el alma, para convertirse en entidades animales o incluso máquinas para producir, a tal punto que en el idioma criollo, el cuerpo es independiente y actúa contra nosotros, como agente del sufrimiento :

Kó mwen ka fè mwen mal,

Pié mwen ka brilè mwen, janb mwen ka lansé mwen

Así, el Caribeño y en particular el martiniqueño no dice "sufro", expresa la idea de un cuerpo independiente que no le pertenecería y que le impondría un sufrimiento; el cuerpo en su todo y las partes que lo constituyen llevan heridas y nos atormentan. Las heridas en cuestión son tanto las heridas de la memoria personal, a veces impresas en la carne por la pérdida de un ser querido, por un accidente, por una enfermedad y las heridas de la memoria colectiva, infligidas por la violencia de la historia y con el sentido de libertad y justicia perpetuamente burlado. A este respecto, dice Paul Ricœur, debemos recordar la paradoja de la memoria que hace que no haya nada más personal, más íntimo y más secreto que la memoria, pero las memorias de unos y otros, entre parientes, vecinos, extranjeros, refugiados, y también adversarios y enemigos, están increíblemente enredadas unas con otras hasta el punto de que a veces ya no distinguimos en nuestras historias lo que corresponde a cada uno: las heridas de la memoria son al mismo tiempo solitarias y compartidas.

Así, en la recepción que tenemos de nuestro cuerpo, especialmente cuando sufre, los vestigios de las actividades y sufrimientos de tiempos pasados están presentes, pero también se ve afectado por un cierto número de percepciones muy degradantes que tienen relación con las filosofías coloniales y que mantienen la idea, todavía presente en la mente de muchos, de que las características negroides serían vectores de fealdad, de inferioridad.

De hecho, las poblaciones caribeñas han llevado a cabo una

245

codificación violenta de la percepción que les infligieron los sistemas deshumanizadores de la esclavitud y la colonización; una percepción perpetuada por los agentes de violencia que son las instituciones religiosas, administrativas y educativas. Los Caribeños marcados en su ADN con esta desvalorización, este rechazo de sí mismos, esta blès, se vieron, como consecuencia abocados a considerar sus cuerpos como un objeto distante con el que a veces mantienen vínculos traumáticos; y esta crispación dolorosa sigue siendo hoy una realidad para muchos.

Pensamiento y percepción del cuerpo que el arte puede

Frente a las dificultades mencionadas y la realidad de una relación casi patológica que el Caribeño y, en particular, el martiniqueño mantendrían con su cuerpo, ¿cómo puede intervenir el arte como regulador y tal vez en una inversión de las autorrepresentaciones? En las sociedades de tradición, no determinadas por el poder de la técnica, prevalece el orden simbólico en el que la relación entre el cuerpo y lo social se mezcla estrechamente con la naturaleza y las figuras míticas; pero las sociedades actuales tienden a borrar la función simbolizable del cuerpo.

Es indudablemente en esta falla que el arte puede inmiscuirse y encontrar, quizás, un puesto de mediador, una función reparadora, en el sentido de que el arte tiene este poder para

246

vincular lo simbólico con lo real y todo lo que es del orden de lo psíquico, del imaginario al funcionamiento racional de la vida cotidiana. Así, el arte puede intervenir en mi opinión en cuatro planos:

• Exploración

• Mostración

• Terapia

• Revalorización.

En efecto, el estudio de las obras Caribeñas permite constatar que el arte puede actuar primero con antelación sobre el funcionamiento de nuestras sociedades, con la exploración, la comprensión de lo que somos, quiénes somos y por qué somos así. El enfoque histórico e historiográfico, que a menudo es el único que tenemos, no proporciona a los Caribeños respuestas a un buen número de preguntas sobre su identidad o identidades, sobre el funcionamiento y disfunciones ontológicas y sociales, pero también sobre los valores con los que podríamos vincularnos en particular desde un punto de vista espiritual. Esta historia oficial que nos han enseñado y que a menudo sigue siendo la única fuente en muchos análisis está, como lo sabemos, truncada y orientada, y no hace ninguna referencia a la palabra de los pueblos deportados, esclavizados o exterminados. Así, el arte en el Caribe, y en esta palabra arte, incluyo las artes vivas que el Occidente ha denigrado al catalogarlas como artes primeras, de tradición u artesanales, sirve, a menudo, al Caribeño como base de memoria y de historia. Canciones, cuentos, pinturas, instalaciones rituales y carnavales, por ejemplo, llegan a llenar los vacíos que deja la historia oficial, aportan superficies de expresión a los recuerdos enterrados y permiten a los pueblos mediante mecanismos intuitivos o de resurgimiento de reconectarse con el pasado y con sus Ancestros, con lo que es esencial para el equilibrio de cada uno y, por supuesto, para una buena relación con uno mismo y una recepción positiva de uno mismo y de su cuerpo.

En segundo lugar, el arte ejerce una función de mostración y de no-evitación. El artista nos confronta con nuestras realidades, nuestros sufrimientos, nuestras disfunciones y, así, la obra adquiere una función catártica. Los dispositivos de negación, degradación y rechazo de uno mismo, implementados por los sistemas esclavistas y coloniales dentro de las plantaciones (y que se perpetúan en las sociedades poscoloniales o todavía colonizadas, si hablamos de un cierto número de islas del Caribe, entre las cuales aparecen Martinica y Guadalupe), todavía tienen un gran impacto en las poblaciones Caribeñas, como hemos visto, especialmente en su relación con sus cuerpos. De hecho, la detestación de todo lo que no corresponde a un ideal estético, de todo lo que nos uniría a orígenes no europeos y, en particular, a África, nos fue enseñada en la escuela, en la iglesia, en las instituciones y a través del idioma: un idioma europeo, inglés, francés y español plagado de términos coloniales, racistas y un idioma criollo que utiliza un

248

vocabulario plantacionario violento contra nosotros mismos. De todo esto, cada uno de nosotros tiene una percepción intuitiva, la mayoría sabemos que la violencia todavía se ejerce sobre nosotros y muy a menudo sentimos frustración sin poder poner palabras, sin poder diseccionar el significado de lo que nos está pasando, sin poder nombrar nuestras emociones. El artista, que es la piel sensible del pueblo como nos lo enseña el filósofo René Ménil, puede ponerle palabras, sentidos e imágenes a todas nuestras emociones y a todos nuestros sentimientos. Las actuaciones, las pinturas, las músicas, las coreografías y las obras de teatro traen de vuelta nuestras emociones enterradas, permiten un exorcismo de los dolores, nos obligan a enfrentar lo que queremos ignorar y es en este sentido que la obra caribeña es catártica.

En tercer lugar, el arte tiene una función terapéutica, es decir, mediante la práctica regular impulsada por un practicante de una disciplina artística, el ser que sufre podrá sellar las brechas abiertas por ciertos desaciertos, exteriorizar las emociones no expresadas, retenidas y contenidas. Burla, humor son a menudo medios utilizados en nuestras sociedades que nos permiten distanciarnos y, por lo tanto, aceptar lo que duele; sin embargo, a veces es necesario abordar de frente el origen del sufrimiento y, en particular, la no aceptación del cuerpo. Así, la danza y el teatro en particular son formas de arte que permiten al individuo, marcado por la detestación de su color de piel, sus formas, su cabello y que a veces están en el rechazo al tacto, en una violencia hacia uno mismo (decoloración de la piel, pérdida de cabello) e incluso en la autodestrucción por la ingestión de sustancias adictivas, volver a una relación saludable con uno mismo.

Y finalmente, en cuarto lugar, el arte tiene una función de revalorización. El arte caribeño es parte de la creación de una nueva auto-representación, de la construcción de un nuevo lenguaje que no interioriza la inferioridad, en resumen, del desarrollo de una estética gratificante. En efecto, Aimé Césaire denunció en *Cuaderno de un retorno al país natal* esta impostura que consistía en hacernos creer que no éramos nada en el mundo y que no habíamos aportado nada al mundo. El surgimiento de esta estética Caribeña que estructura nuestra música, nuestra literatura, nuestras artes visuales, que elabora nuestras obras maestras, nuestro clasicismo, también nos elabora como seres. El orgullo, el bienestar, las emociones fundacionales y la sensación de logro que sentimos en un concierto, frente a una pintura, una escultura, una instalación, viendo a un bailarín restableciendo lo sagrado, nos devuelven el significado de nosotros mismos, nos revelan a nosotros mismos, nos reconcilian con nuestros cuerpos, nos enseñan a mirarnos a nosotros mismos con amor, positivamente. Elaborar y apropiarse este arte que nos trasciende eleva al individuo y repara al pueblo.

Conclusión

El creador caribeño, estoy hablando del artista que ha efectuado un proceso considerable sobre sí mismo y ha descendido a las profundidades de su ser para comprender sus relaciones con el mundo y con el otro, conoce la blès y sabe que la lleva en sí mismo. Su creación es una reacción a la blès, una terapia que se aplica a sí mismo, pero que también destina al otro. El artista caribeño quiere comprender estos fenómenos de interiorización y somatización que desembocan en un repunte abrupto y violento del dolor. Los traduce como los siente, y es por eso que su estética es a menudo una estética del exceso, ya que es generada por la irrupción controlada del mal y el sufrimiento. La sabiduría popular percibe y nombra lo que en nuestros centros urbanos ya no percibimos y ya no nombramos, el arte a menudo sabe cómo apoderarse de esta percepción. El arte Caribeño hace hablar al cuerpo Caribeño; este cuerpo habla de sus sufrimientos, este cuerpo habla de su alma, este cuerpo habla de su memoria, este cuerpo habla de su blès. Y al hacerlo, se repara solo.

Deber de memoria y denunciación del escándalo del envenenamiento con clordecona en Martinica en la exposición Tè Bwa, Glo de Patricia Donatien: un alegato artístico por una reparación y una auto reparación

Por Rodolphe SOLBIAC

Profesor titular universitario - Habilitado para dirigir investigaciones, Estudios anglófonos caribeños
Universidad de Las Antillas

Informe de visita de la exposición *Tè Bwa, Glo*[66] de Patricia Donatien, visible en la Galería André Arsenec en *Tropiques Atrium* Escena nacional, del 16 de diciembre al 4 de enero de 2020.

Tè Bwa, Glo aparece como una exposición creada pensando en los niños de Martinica, los de ayer, hoy y mañana. Patricia Donatien denuncia el envenenamiento genocida del agua de Martinica, las complicidades y las inercias frente a esta situación escandalosa. Pero *Tè Bwa, Glo* va más allá, para advertir sobre el peligro de desaparición que, según la artista, acecha al pueblo de Martinica.

Tè Bwa, Glo de Patricia Donatien acoge al visitante con tres lienzos titulados respectivamente Tè, Bwa y Glo que introducen una exposición multifacética y conmovedora,

---

66 https://tropiques-atrium.fr/wp-content/uploads/2019/12/WEB-CATALOGUE-PD-DEC2019.pdf

creada en una interrelación con la filosofía del mundo del bèlè de Martinica, y en una intertextualidad con la canción *Té, bwa, glo* del compositor de bèlè André Dru. El homenaje de André Dru a la naturaleza se metamorfosea en pinturas ("La nati 1 y La nati 2) en la creación de Patricia Donatien.

Pero ya la luz de la muerte del tríptico "Jénosid", atenuada por una impresión de colorización, causa terror, al evocar la amenaza de una desaparición organizada a la luz de quienes contaminan el manglar-cuna de la vida.

Luego, el tríptico "Yo kriminel" y el dúo "Jistis", la serie "Anba bwa", "Anba so" y "Fèy'o" contribuyen a la articulación del discurso de Tè Bwa, Glo. De hecho, este tríptico "Yo Kriminel", así como el dúo "Jistis" también se crean en una intertextualidad con el canto bèlè "Yo Kriminel" de Pierre Dru, que reclama reparación para las víctimas del envenenamiento de la tierra y del agua con la clordecona.

En *Tè Bwa, Glo*, lienzos de varios tamaños, un altar y una escultura improbable se combinan con una instalación estremecedora, "Que todos tomen y se lo beban", que denuncia un envenenamiento de agua autorizada institucionalmente, realizada a lo grande con la bendición de todos los que sabían.

Sin embargo, este cuadro sombrío de la situación de Martinica se ve mitigado por un mensaje de esperanza transmitido por la monumental obra "El coloso" realizada con fotos de la naturaleza del municipio de Schoelchéroise, tomadas por Jacques Dijon, que se combina con otra instalación, titulada "Pequeño altar para pedir perdón al árbol cortado", con el fin de invitar a reanudar con una naturaleza que posee la capacidad de renovarse y pedir a sus conciudadanos que sean los actores de su regeneración.

Si el discurso general de *Tè Bwa, Glo* articula una denuncia del capitalismo internacional de monocultivo sembrador de muerte, el lienzo "Ago lé kiltivatè" rinde homenaje a los campesinos que tienen otra relación con tè, bwa, glo, que la de los "plantadores" .

Aquellos que conocen el trabajo del artista vuelven a ver su enfoque y su estilo por una experiencia de lo bello a la vez renovada y repetida. En efecto, en las pinturas de Patricia Donatien se escribe la interpelación de quienes nos dejaron sin ser respetados. Los que no han sido escuchados sobre la clordecona ocupan las pinturas de Patricia Donatien y se imponen en esta creación para interpelar a la comunidad y exigir justicia. Su aparición en filigrana en las pinturas aporta una cierta renovación al estilo de Patricia Donatien.

El Poeta fue "la boca de las desgracias que no tienen boca", [67] la mano de Patricia Donatien escribe en el lienzo los que no hemos escuchado sobre la clordecona, quienes quizás han llegado junto a los Ancestros no honrados, los Ancestros sin sepulturas muertos antaño en estos mismos campos hoy clordeconados.

Si para el escritor barbadense George Lamming, el novelista caribeño es el historiador de los sentimientos del pueblo, con el tríptico "Yo kriminel" y el dúo "Jistis", de *Tè Bwa Glo*, Patricia Donatien alcanza la dimensión de historiadora de los sentimientos de un pueblo en blès al que se le infligen nuevas heridas.

---

67 Césaire, Aimé *"Cahier d'un retour au pays natal "* (Cuaderno de un retorno al país natal) París. Présence Africaine 1956

En *Tè Bwa, Glo*, el compromiso de Patricia Donatien es servido por una innovación en su práctica, que nos brinda una experiencia diferente y conmovedora de lo bello en la serie "Los guardianes del Alma", "Anba bwa", "Anba so" y "Fèy'o", pinturas para las cuales el artista utiliza una técnica que combina la pintura acrílica sobre fotografías de la maleza de Martinica, tomadas por el músico fotógrafo Thierry Pivert y procesadas de nuevo con infografías.

Aquí, la innovación en la técnica de Patricia Donatien está al servicio de la celebración de los bosques y la maleza de la tierra de Martinica, que revela al mismo tiempo los seres en sufrimiento que los habitan. Vida y muerte, sufrimiento y recursos, Patricia Donatien nos proyecta en los bosques del país que ocultan dolores, amenazas y saberes, la memoria y el futuro, errancia e ira en"Anba bwa" y "Fèy'o", pero también luz, espiritualidad y esperanza en"Anba so".

Después de la experiencia de la intimidad y de la transmisión matrilineal que ofrece la exposición *"Adie Julie y Yo"*, *Tè Bwa, Glo* nos proyecta en las preocupaciones sociales urgentes

El título *Tè Bwa, Glo*, de esta exposición evoca el lema de la asociación ecologista ASSAUPAMAR: "Tè, bwa, dlo". Esta intertextualidad con el discurso ecologista de Martinica evidencia el compromiso artístico de Patricia Donatien, pero también su implicación en el campo social.

La reflexión en la que *Tè Bwa, Glo* nos sumerge, nos lleva a una constatación dramática. La voz del poeta de la Negritud es trágicamente actual en pleno *Decenio Internacional para los Afrodescendientes* (2015-2024), el marco de acción establecido por las Naciones Unidas para invitar a sus miembros a trabajar a favor de las personas de ascendencia africana en tres direcciones: Reconocimiento, Justicia y Desarrollo[68].

En la misma tierra de Aimé Césaire, que sigue siendo una tierra donde el estado francés apoya y mantiene la segregación racial, las personas de ascendencia Africana son víctimas de crímenes racistas no reconocidos, se les niega el acceso a la justicia y están sujetas a injusticias económicas. (Denuncias contra los responsables del envenenamiento no instruidas, prohibición de pescar sin indemnización, no aplicación del principio de quien contamina paga en vigor en la verdadera Francia). Peor aún, quienes reclaman reconocimiento, justicia y reparación sufren una represión que pone en evidencia la colusión entre los principales beneficiarios del crimen de la esclavización de los Africanos, el Estado francés y los Békés.

El tratamiento por parte de Francia del envenenamiento con Cloredecona de los Martiniqueños y Guadalupeños denunciado por *Tè Bwa, Glo* es, de hecho, el resultado de la violencia excepcional en tierra colonial basada en la concepción de que existe una Humanidad europea blanca superior que tiene derechos, y los otros cuya Humanidad se debate. Es esta excepcionalidad permanente, que Aimé

---

68 NACIONES UNIDAS. Un decenio dedicado a las personas descendientes del continente africano.
https://www.un.org/fr/events/africandescentdecade/

NACIONES UNIDAS. Programa de actividades relacionadas con el Decenio Internacional para las personas descendientes del continente africano
https://www.un.org/en/events/africandescentdecade/plan-action.shtml

https://undocs.org/en/A/RES/69/16

Césaire denunció en *Discours sur le colonialisme* (Discurso sobre el Colonialismo)[69] lo que ha permitido la deportación masiva y genocida del Africano, durante varios siglos, incluyendo el llamado "de las Luces". Es esta misma excepcionalidad permanente la que prevaleció en las decisiones tomadas y renovadas, con pleno conocimiento del peligro, de exponer a los martiniqueños y guadalupeños a la clordecona. Esta violencia permanente excepcional, desde el punto de vista de los derechos humanos, es practicada por aquellos que han pensado y continúan pensando hoy que no hay una sola Humanidad y que las personas de ascendencia Africana no son de la misma Humanidad que ellos.

La ocurrencia de esta violencia química en la excepcionalidad racista colonial (qué nos importa son solo Negros) fue posible debido a lo incompleto del deber de memoria y de reparación de las personas de ascendencia Africana, que no les ha permitido escapar de la repetición de actos que les son perjudiciales. Efectivamente, dado que los autores y beneficiarios de los delitos de deportación y esclavitud no reconocieron sus actos, no han presentado excusas, no han reparado el perjuicio causado, las garantías de no repetición[70]

---

69 Césaire, Aimé. *" Discours sur le colonialisme : suivi de Discours sur la négritude"* (Discurso sobre el colonialismo: seguido del Discurso sobre la negritud.) Presencia africana, 1955.

70 IX. Reparación de los daños sufridos

18. Conforme al derecho interno y al derecho internacional, y teniendo en cuenta las circunstancias de cada caso, se debería dar a las víctimas de violaciones manifiestas de las normas internacionales de derechos humanos y de violaciones graves del derecho internacional humanitario, de forma apropiada y proporcional a la gravedad de la violación y a las circunstancias de cada caso, una reparación plena y efectiva, según se

de actos perjudiciales para sus víctimas, específicos del proceso de reparación,[71]no han sido implementadas .

Tè Bwa, Glo se rebela contra la inercia de la gran mayoría de la población, aturdida por lo que le sucede, pero cuya falta de reacción también evidencia este estado incompleto del deber de memoria y de reparación de personas de ascendencia Africana y de una conciencia histórica llena de lagunas, producida por una educación institucional eurocéntrica y la promoción de una cultura consumista.

Frente a esta inercia, la interpelación conmovedora del tríptico "Jenosid" constituye un posicionamiento muy fuerte sobre la gravedad de la situación en Martinica, cuya población, según el artista, está amenazada de desaparición. Al elegir esta denominación, Patricia Donatien se bate contra aquellos que de cara a esta situación catastrófica, se complacen en discursos y argumentos técnicos y engañosos que buscan hacer eufemismos con la gravedad de las cosas o redimir a los autores o beneficiarios del envenenamiento: *"correlación no establecida científicamente", "no se estableció un vínculo*

---

indica en los principios 19 a 23, en las formas siguientes: restitución, indemnización, rehabilitación, satisfacción y **garantías de no repetición**.

Principios y directrices básicos sobre el derecho de las víctimas de violaciones manifiestas de las normas internacionales de derechos humanos y de violaciones graves del derecho internacional humanitario a interponer recursos y obtener reparaciones

60/147 Resolución aprobada por la Asamblea General el 16 de diciembre de 2005

https://www.ohchr.org/sp/professionalinterest/pages/remedyandreparation.aspx

71 Ibidem

científico directo", "autorizaciones obtenidas mediante cabildeo legal", "no se puede hablar de genocidio, porque según la definición ... los actos deben ser cometidos con la intención de destruir, en todo o en parte, a un grupo... ¡Genocidio! afirma este tríptico respondiendo a aquellos a quienes Aimé Césaire designó como manipuladores de galimatías y ofuscadores.

"Y bárreme a todos los ofuscadores, todos los inventores de subterfugios, todos los charlatanes mistificadores, todos los manipuladores de galimatías. Y no trates de saber si estos señores obran personalmente de buena o de mala fe; [...] lo esencial es que su muy aleatoria buena fe subjetiva no tiene nada que ver con el alcance objetivo y social del trabajo sucio que hacen como perros guardianes del colonialismo "[72].

Más allá de la emoción "Jenosid" invita a la reflexión sobre la naturaleza concertada del envenenamiento. ¿Cómo podrían varias décadas de concertaciones, estrategias, investigación de medios derogatorios para usar esta molécula cuya peligrosidad se conocía no caer en lo intencional?. Se trata de una "sumisión intencional" de los martiniqueños y guadalupeños "a condiciones de existencia que van a conducirlos a [su] destrucción física total o parcial". Estos son "ataques graves contra la integridad física o mental de los miembros del grupo", dos de los delitos incluidos en la definición de genocidio establecida por la O.N.U. en la Convención de 1948. Así, los martiniqueños fueron víctimas

---

72 Césaire, Aimé. *Discours sur le colonialisme,* (Discurso sobre el colonialismo) 38-39.

de dos de los crímenes incluidos en esta definición de genocidio, pero estos crímenes no serían elegibles para la clasificación como genocidio porque no se habrían cometido con la intención de destruirlos.

"Jénosid" nos incita a barrer estos matices tan regularmente movilizados por los ofuscadores, los inventores de subterfugios, los charlatanes mistificadores, los manipuladores de galimatías que, siempre en una "muy aleatoria buena fe subjetiva", abordan el trabajo sucio de hacer eufemismos con los crímenes coloniales racistas.

Sus objeciones se invalidan fácilmente, porque la definición del concepto de genocidio no es fija ni definitiva, incluso está en debate. De hecho, si nos atenemos a la concepción propia del siglo XX que reconoce solo cuatro genocidios " podemos ver que la palabra "genocidio" cubre una enumeración[73] y no

---

73 Convención para la prevención y la sanción del delito de genocidio Asamblea General de las Naciones Unidas de 1948.

Por la presente Convención se entiende por genocidio cualquiera de los actos mencionados a continuación, perpetrados con la intención de destruir, total o parcialmente, a un grupo nacional, étnico, racial o religioso, como tal:

a) Matanza de miembros del grupo;

b) Lesión grave a la integridad física o mental de los miembros del grupo;

c) Sometimiento intencional del grupo a condiciones de existencia

que hayan de acarrear su destrucción física, total o parcial;

d) Medidas destinadas a impedir los nacimientos en el seno del grupo;

e) Traslado por fuerza de niños del grupo a otro grupo.

conoce una definición"[74]. (El genocidio de los armenios por el gobierno de los Jóvenes Turcos, el de los judíos por la Alemania nazi, el que tuvo lugar en Camboya, perpetrado por los jemeres rojos y el de los tutsis ruandeses por los hutus ruandeses)[75].

Además, "siempre y cuando no nos limitemos al siglo XX, nos vemos obligados a dar al genocidio una segunda definición [...] que insiste en el exterminio efectivo"[76] afirma Ninon Grangé. Esta última especifica que "la esencia del genocidio, como evento histórico, es el exterminio". Agrega que a veces hay una distinción entre la intención de exterminio y el exterminio estratégico. Este exterminio estratégico a menudo está presente en los casos de genocidios coloniales.[77]

Así, hoy, para evaluar la naturaleza genocida de un exterminio, "la distinción por intención no parece decisiva". De hecho, especialmente en el contexto de la colonización, el

---

74 Ninon GRANGÉ, "Les génocides et l'état de guerre" (Genocidios y estado de guerra), Asterion [en línea], 6 | 2009, publicado en línea el 3 de abril de 2009, consultado el 30 de diciembre de 2019. URL: http://journals.openedition.org/asterion/1511; DOI: 10.4000 / asterion.1511

75 Ibidem

76 Ibidem

77 Sobre la idea de genocidio colonial: "[...] en el siglo XIX, las poblaciones conquistadas tienen la reputación de estar desprovistas de organización política, viviendo en tierras políticamente vírgenes que es permisible apropiarse - esta es la diferencia entre conquista y colonización - de manera que el Estado ya se considera en su casa, a priori autorizado para instalarse donde solo habría vacío de poder. Las tierras a colonizar, solo por este hecho, ya se las ha apropiado la imaginación antes de ser efectivamente conquistadas, ocupadas, administradas. Ninon GRANGÉ, ibidem

exterminio de un grupo puede ser un objetivo secundario en la conquista de un territorio[78].

Si examinamos algunas situaciones no reconocidas como genocidio hasta la fecha por medio de la *Convención para la prevención y la sanción del delito de genocidio de 1948*, sin recurrir al criterio, hoy por hoy invalidado, de "la intención principal de exterminar a un grupo o un pueblo ", la trata del Africano constituye un genocidio, porque produce el resultado, "la destrucción física parcial" de los Pueblos de África del Oeste[79], así como " un grave ataque a la integridad física o mental de sus miembros".

Del mismo modo, las condiciones de vida en las plantaciones esclavistas del Caribe constituyen las de un genocidio de Africanos, porque consisten en la "sumisión intencional del grupo a las condiciones de existencia que deberían conducir a su destrucción física total o parcial" (mortalidad extraordinaria causada por el trabajo desde el amanecer hasta el atardecer). Esta sumisión intencional se articula con "el grave ataque a la integridad física o mental de los miembros del grupo" que constituye el dispositivo de tortura del Africano a su llegada al Caribe, designado por el término "creolización". Por lo tanto, hacer que el Africano fuera apto para trabajar en la plantación implicaba cometer una serie de crímenes que figuran en la lista de crímenes de genocidio. Creolizar al Africano consistía en convertirlo en esclavo, al final de un tratamiento que

---

78 La intención política de exterminar a un grupo como grupo está ausente, no es programática y constitutiva de demarcaciones políticas, puede ser una estrategia extrema de conquistar un territorio o un objetivo secundario. Ninon GRANGÉ,op.cit.

79 Alrededor de 12 millones de deportados

consistía en "destruir total o parcialmente un grupo nacional, étnico, racial o religioso".

Por una redefinición poscolonial del genocidio

Esta reflexión, a la que nos obliga este tríptico "Jenosid", nos ofrece la oportunidad de una redefinición poscolonial del genocidio. Así, proponemos que consideremos como genocidio, los crímenes definidos por la convención de la ONU de 1948, que son el producto de *una convergencia de los medios y las prácticas establecidas por un Estado, un grupo dominante o grupos dominantes o bajo su responsabilidad, y que produce un resultado genocida* propio del exterminio.

Teniendo en cuenta que Martinica pierde anualmente (como parte de una acción organizada) varios miles de jóvenes, que la fertilidad de los martiniqueños se ve afectada por el envenenamiento con clordecona, que muchas personas mueren por varios tipos de cáncer en aumento exponencial, que el agua y la tierra han sido envenenadas, y que el estado organiza una inmigración étnica hacia este país (ver el genocidio por sustitución de Kanaky) ¿cómo no interpretar la situación en Martinica como la de un genocidio, es decir, el producto de *una convergencia de medios y prácticas implementados por un grupo dominante o grupos dominantes o bajo su responsabilidad* que someten intencionalmente a los Martiniqueños a condiciones de existencia que deberían involucrar su destrucción física total o parcial y asestar un "daño grave a su integridad física o mental?

Tè Bwa, Glo, por lo tanto, interviene en el debate social del momento, haciendo un deber de memoria, como una extensión de la reflexión sobre la memoria a la que ya nos invitó con la exposición Soul Amère de 2013.[80] Artista y crítica comprometida, teórica del arte, profesora universitaria, Patricia Donatien, pone hoy los saberes académicos y populares, construidos y perfeccionados durante varias decenios (desde Africobra2), al servicio del pueblo, de su pueblo al que le ordena reaccionar.

---

80 Donatien Patricia, Soul Amère: exposición de pinturas e instalaciones, Arsenec Atrium Gallery, Fort de France, febrero de 2013.

Tres ejemplos de víctimas de discriminación racial que luchan por el respeto de su Humanidad y de su pueblo: "justicia y reparaciones"

¿Qué reparaciones para "los discriminados de Renault" después de la decisión del Comité para la Eliminación de la Discriminación Racial de la ONU?

Por Joby Valente

(fuente Laurent Gabaroum)

Presidente del Movimiento por una Nueva Humanidad

Vicepresidente del colectivo de hijas e hijos de Africanos Deportados

La Convención Internacional de las Naciones Unidas sobre la eliminación de todas las formas de discriminación racial (CERD) obliga a los Estados partes a eliminar todas las formas de discriminación racial y promover el entendimiento entre las razas. Define la discriminación racial como *"cualquier distinción, exclusión, restricción o preferencia basada en raza, color, ascendencia u origen nacional o étnico, que tiene el propósito o efecto de destruir o comprometer el reconocimiento, disfrute o ejercicio, en condiciones de igualdad, de los derechos humanos y las libertades fundamentales en los ámbitos político, económico, social y cultural o en cualquier otro ámbito de la vida pública "*.

Desde los años 2000, los empleados de la compañía Renault, alegando ser víctimas de violación de sus derechos consagrados en la Convención, en particular con respecto a las reparaciones, han recurrido al Comité de la ONU para la

Eliminación de la Discriminación Racial.

Los requerimientos del Sr. Lucien Stanislas BRELEUR y el Sr. Daniel KOTOR.

El Sr. Lucien Stanislas BRELEUR es francés de origen martiniqueño. Cuando entró en la compañía en 1971, trabajaba como electricista de automóviles.

Cuando se jubiló el 1 de diciembre de 2003, tenía entonces la calificación de empleado de servicio técnico, categoría superior.

En cuanto al Sr. Daniel KOTOR, es francés de origen togolés. Contratado en 1971 como mecánico de automóviles, y cuando reclamó sus derechos de jubilación en febrero de 2004, asumía las funciones de jefe de almacén calificado, estatuto de supervisor.

A lo largo de sus vidas laborales, estos últimos sufrieron una discriminación significativa en el desarrollo de sus respectivas carreras profesionales.

Es en este contexto que, por un acta del 20 de marzo de 2003, recurrieron al tribunal de conciliación laboral de Boulogne-Billancourt, para ser reposicionados en los coeficientes que deberían haber sido los suyos y para obtener una indemnización por daños y perjuicios.

En una sentencia parcialmente invalidada del 2 de abril de 2008, el Tribunal de Apelación de Versalles aceptó sus demandas alegando que la compañía Renault no presentó la prueba que le correspondía de que la diferencia de trato entre los Sres. BRELEUR y KOTOR y los empleados colocados en una situación comparable estaba *"justificada por elementos objetivos ajenos a toda discriminación basada en la pertenencia o no, verdadera o supuesta, a un grupo étnico, una nación o una raza".*

Como consecuencia, revocando parcialmente la sentencia del 12 de diciembre de 2005 y resolviendo nuevamente, el Tribunal de Apelación de Versalles:

- condenó a la compañía Renault a pagar al Sr. BRELEUR las sumas de 80,000 euros en reparación por el perjuicio material y profesional y 8,000 euros en reparación por el perjuicio moral.

- condenó a la compañía Renault a pagar al Sr. KOTOR las sumas de 60,000 euros en reparación por el perjuicio material y profesional y 8,000 euros en compensación por el perjuicio moral.

El Tribunal de Apelación confirmó, por lo demás, las disposiciones de la sentencia pronunciada y, añadiendo:

- ordenó el reposicionamiento del Sr. BRELEUR en el coeficiente 260 de 1985 a 1989, luego 285 de 1990 a 1999, luego en el coeficiente 305 de 2000 hasta su jubilación en diciembre de 2003.

- ordenó el reposicionamiento del Sr. KOTOR en el coeficiente 260 de 1985 a 1989, luego 285 de 1990 a 1999, luego en el coeficiente 305 de 2000 hasta su jubilación en febrero de 2004.

En otras palabras, el Tribunal de Apelación de Versalles había exigido acordarles de manera acumulativa una reposición en las situaciones que deberían haber sido las suyas respectivamente, así como daños y perjuicios.

Si hubiera sido de otro modo, sería difícil entender por qué el Tribunal de Apelación de Versalles no se contentó simple y llanamente con otorgar daños y perjuicios al Sr. BRELEUR y al Sr. KOTOR.

Sin embargo, debe reconocerse que en el presente caso, el Tribunal procuró agregar que el Sr. BRELEUR y el Sr. KOTOR tenían que ser reposicionados, lo que participaba del más estricto cumplimiento del principio de reparación integral.

La compañía Renault creyó que solo iba a ejecutar parcialmente la sentencia, limitándose a pagar al Sr. BRELEUR y al Sr. KOTOR las sumas que les habían sido asignadas respectivamente por el Tribunal de Apelación, sin reposicionarlos de acuerdo con los coeficientes retenidos por la sentencia.

En estas condiciones, por acta del 28 de noviembre de 2008, el Sr. BRELEUR y el Sr. KOTOR se vieron obligados a requerir al juez de la ejecución de penas de Nanterre para que ordenase a la compañía Renault que les expidiera un certificado de trabajo conforme con el reposicionamiento pronunciado por el Tribunal de Apelación de Versalles.

Por sentencia del 17 de marzo de 2009, el juez de la ejecución se declaró incompetente.

Mediante fallo del 6 de mayo de 2010, el Tribunal de Apelación de Versalles confirmó la sentencia en todas sus disposiciones.

Ante el perjuicio real sufrido por el Sr. BRELEUR y el Sr. KOTOR en el cálculo de sus derechos de pensión, debido al incumplimiento por parte de la empresa Renault de su obligación de reposicionamiento, estos últimos la citaron ante el juez de la ejecución de Versalles por escritura de 22 de junio de 2011 con el fin de ordenar que la obligación de reposicionarlos fuera acompañada de una multa de 1.000 euros por día de retraso.

Por sentencia del 25 de octubre de 2011, el juez de la ejecución del Tribunal Superior de Versalles se declaró incompetente en beneficio del juez de la ejecución de Nanterre.

Mediante sentencia dictada el 3 de julio de 2012, el juez de la ejecución de Nanterre desestimó al Sr. BRELEUR y al Sr. KOTOR de sus demandas, alegando que se habrían enfrentado a la fuerza de cosa juzgada por el fallo dictado el 2 Abril de 2008 por el Tribunal de Apelación de Versalles.

El Sr. BRELEUR y el Sr. KOTOR interpusieron recurso a esta decisión.

Mediante sentencia de 5 de septiembre de 2013, el Tribunal de Apelación de Versalles confirmó en todas sus disposiciones la sentencia pronunciada y declaró improcedente la demanda que pretende acompañar la obligación de reposicionar con el pago de una multa coercitiva.

El Tribunal de Apelación también remitió al Sr. BRELEUR y al Sr. KOTOR a interponer un recurso en cualquier tribunal que tenga jurisdicción sobre el fondo, con el argumento de que "la autoridad de la cosa juzgada no podría oponerse a una demanda de producción de documentos de los interesados".

Los Sres. BRELEUR y KOTOR apelaron al Tribunal Supremo.

El 4 de diciembre de 2014, la 2da cámara civil del Tribunal Supremo anuló esta sentencia, vistos los artículos L213-6 y L131-1 del Código Procesal Civil.

Resolviendo después de la remisión de casación, el Tribunal de Apelación de Versalles, por un fallo del 24 de septiembre de 2015, revocó el fallo del juez de la ejecución del 03 de julio de 2012.

Resolviendo nuevamente, primero declaró admisible la demanda presentada por los Sres. BRELEUR y KOTOR pretendiendo adjuntar una multa coercitiva a la obligación de reposicionamiento ordenada por la sentencia anterior del Tribunal de Apelación de VERSALLES del 2 de abril 2008

Sin embargo, la juez desestimó su demanda en el fondo alegando, en particular, que el Tribunal de Apelación habría reparado el perjuicio total del empleado mediante la asignación exclusiva de daños y perjuicios, lo que incluiría las consecuencias del reposicionamiento de los Sres. BRELEUR y KOTOR.

Los Sres. BRELEUR y KOTOR apelaron al Tribunal Supremo francés contra esta decisión.

Por una sentencia del 1 de diciembre de 2016, la 2da cámara

civil del Tribunal Supremo rechazó la apelación vistas las disposiciones del artículo 1014 del Código Procesal Civil que lo autoriza a fallar sin dar razones para su decisión cuando considera que los motivos de casación invocados en apoyo de la apelación no son claramente de naturaleza a generar la casación.

Francia, habiendo ratificado la Convención Internacional sobre la Eliminación de Todas las Formas de Discriminación Racial, está obligada a respetarla y a hacerla respetar.

Para que conste, la discriminación sufrida por los Sres. BRELEUR y KOTOR, basada en su pertenencia a un grupo étnico, una nación o una raza, fue reconocida por una sentencia final que tenía la fuerza de la cosa juzgada, dictada el 2 de abril de 2008 por el Tribunal de Apelación de Versalles.

Se recordará que la compañía Renault había sido castigada en 1945, con una "sanción de nacionalización" por su colaboración con la Alemania nazi convirtiéndose en la Administración Nacional de las Fábricas Renault. Transformada en Sociedad Anónima en 1990, el Estado francés tuvo el 80% del capital hasta 1996. Hoy es el accionista de referencia.

Por lo tanto, el Estado francés debe ser considerado responsable de la discriminación racial sufrida por los Sres. BRELEUR y KOTOR, a partir del momento en que no ha hecho que Renault respete la Convención internacional sobre la eliminación de todas las formas de discriminación racial que ha firmado y ratificado, cuánto más que es algo sabido que abundan las prácticas discriminatorias con respecto a los empleados de ascendencia no europea.

Se han hecho públicos documentos internos que demuestran la sistematización de estas prácticas discriminatorias, en particular el llamado sistema "ESCUADRÓN" que implementa una "codificación étnica" de empleados estructurada en torno al color de la piel y los orígenes étnicos.

Así, podemos leer en una nota interna que **"los Negros son factores de tensión en la empresa"** que *"los Negros son los trabajadores más difíciles de asimilar a la Sociedad Francesa (...)* o incluso que *"los menos buenos, en cuanto al módulo de calidad de la adaptación al trabajo en la empresa, son sin duda los Negros Africanos y los argelinos, marroquíes, tunecinos seguidos de cerca por los trabajadores de los DOM (departamentos de ultramar).*

La tolerancia por parte del Estado francés de tales prácticas discriminatorias ha sido enormemente lesiva para los Sres. BRELEUR y KOTOR, este último ha sido tratado por su jerarquía de **"mono"** y de **"Negro cabrón"**.

En 2017, después de agotar las vías de recursos internos, los Sres. Stanislas Lucien BRELEUR y Daniel KOTOR recurrieron al Comité de la ONU para la Eliminación de la Discriminación Racial.

El requerimiento del Sr. Laurent GABAROUM

Laurent GABAROUM, francés de origen chadiano, fue dado de alta en la Administración Nacional de las Fábricas Renault, el 15 de julio de 1975, con un contrato indefinido, como agente de producción de Renault, categoría B.

Al mismo tiempo, estaba cursando estudios de posgrado en derecho y economía que lo llevarían a un doctorado en derecho.

Las prácticas discriminatorias para con Laurent GABAROUM comenzaron desde el año 1980 cuando este último reveló a la Administración Nacional de las Fábricas Renault que estaba preparando un Diploma de Estudios Superiores Especializados en Gestión, Transporte y Logística Comercial y una tesis de doctorado en derecho.

En 1985, después de dolorosas peripecias, el Sr. Laurent GABAROUM fue ascendido a ejecutivo.

Sin embargo, la compañía Renault, hostil a la presencia de Negros dentro de la administración de la compañía, cuestiona abierta y públicamente al Sr. Laurent GABAROUM la legitimidad de su nacionalidad francesa con el argumento de que *"la gallina nunca puso huevos negros"* y organizó su retorno forzado a África para una nueva capacitación en los oficios agrícolas con el fin de ayudar a alimentar a sus *"hermanos Negros que mueren de hambre"*.

El 19 de marzo de 2003, el Sr. Laurent GABAROUM recurrió al Tribunal Laboral de París para que fuese reconocida la existencia de una discriminación racial de la cual él se considera objeto.

El 11 de enero de 2005, el Tribunal Laboral de París reunido para arbitrar en desempate, ordenó a la compañía Renault que pagara al Sr. Laurent GABAROUM la suma de € 120,000 por *"incumplimiento leal del contrato de trabajo"*. Sin embargo, no tuvo en cuenta la dimensión racial de la discriminación que motivó este *"incumplimiento leal"*.

El Sr. Laurent GABAROUM apeló contra dicha sentencia y solicitó la revocación completa de la decisión remitida.

En su sentencia del 12 de septiembre de 2006, el Tribunal de Apelación de París revocó la sentencia pronunciada y condenó al Sr. Laurent GABAROUM a reembolsar a la compañía Renault los 120,000 euros.

Dado el razonamiento elíptico detrás de la sentencia del 12 de septiembre de 2006, el Sr. Laurent GABAROUM ha presentado un recurso de casación.

Se recordará que para abusar de la buena fe de los jueces y negar con éxito la ausencia de cualquier discriminación racial contra el Sr. Laurent GABAROUM, la compañía Renault *ennegreció, con la fotocopiadora, las fotos de los ejecutivos Blancos que presentó ante el Tribunal de Apelación de París como ejecutivos Negros.*

Mediante un dictamen no motivado del 22 de septiembre de 2011, el Tribunal Supremo desestimó la apelación sin explicar las razones objetivas por las cuales no fue admitido.

El 19 de marzo de 2012, el Sr. Laurent GABAROUM presentó una queja ante el Comité de las Naciones Unidas para la Eliminación de la Discriminación Racial.

El 10 de mayo de 2016, en su decisión emitida con visto el artículo 14 de la Convención, el Comité de las Naciones Unidas para la Eliminación de la Discriminación Racial concluyó que *"los hechos que se recurren revelan una violación del Estado parte de los artículos 2 y 6 de la Convención".*

Por carta de fecha 18 de agosto de 2016, el Sr. Laurent GABAROUM expresó al Comité de la ONU para la Eliminación de la Discriminación Racial el principio fundamental sobre el derecho a la reparación de las víctimas flagrantes del derecho internacional de los derechos humanos en materia de discriminación racial.

Por carta de fecha 12 de septiembre de 2016, el Sr. Laurent GABAROUM comunicó la decisión del Comité para la Eliminación de la Discriminación Racial de la ONU al Tribunal de Apelación de Versalles y a la empresa Renault, indicándoles que *"En aplicación de las disposiciones de la resolución 60/147 de 16 de diciembre de 2005 de la Asamblea General de las Naciones Unidas, la decisión del Comité de Derechos Humanos de la ONU confiere al Sr. GABAROUM el derecho a una reparación por los perjuicios resultantes de la violación de los artículos 2 y 6 de la Convención de las Naciones Unidas lo que hace que la continuación del procedimiento de apelación sea irrelevante".*

La voluntad de la empresa Renault de liberarse de la obligación de reparación integral del perjuicio

En efecto, el artículo L.1132-4 del Código del Trabajo establece un principio de nulidad de todas las medidas discriminatorias, lo que implica, en consecuencia, atribuir al empleado víctima de discriminación la ventaja o la situación que debería haber sido la suya.

La jurisprudencia, por lo tanto, considera lógicamente que la reparación de la discriminación **"obliga a colocar a la persona que la sufrió en una situación en la que habría estado si no hubiera tenido lugar el comportamiento nocivo"** (Soc. 23 de noviembre de 2005, Bull. V , n ° 332; véase también una hipótesis en la que se justificaba que el empleado fuera reclasificado en el coeficiente de remuneración que habría logrado en ausencia de discriminación, Soc. 28 de septiembre de 2011, n ° 10-14.662).

En este sentido, **la alta jurisdicciçon recuerda constantemente que el reposicionamiento de los empleados es parte integral de la reparación integral** (Soc. 23 de noviembre de 2005, Bull. N ° 332), *"solo después de haber reconocido la existencia de discriminación en el desarrollo profesional del empleado"*, los jueces del fondo deben, "al referirse a la clasificación de los empleados prevista en la empresa, decidir la reclasificación de la persona interesada "(Soc. 24 de febrero de 2004, n ° 01- 46.499).

Así, la necesidad de reparar integralmente los daños sufridos por el empleado no puede reducirse a la mera indemnización por daños y perjuicios, sino que debe conducir a la reclasificación del empleado víctima de discriminación, sin que su jubilación impida su reposicionamiento (Soc 30 de junio de 2011, n ° 09-71.538).

Por lo tanto, corresponde a los jueces del fondo averiguar qué clasificación habría alcanzado el empleado si se hubiera beneficiado de un desarrollo profesional normal y ordenar, como reparación, su reposicionamiento en esta clasificación (Soc. 14 de marzo de 2012 , n ° 11-11.308; Soc.20 de marzo de 2013, n ° 11-27.432).

Y no hay duda de que el reposicionamiento del empleado, además de la indemnización por daños y perjuicios, implica necesariamente que se le entreguen certificados de trabajo y recibos de sueldo rectificados conforme con la situación en la que ha sido reubicado según la reparación integral de la discriminación sufrida.

Sin embargo, estos principios se perdieron completamente de vista en detrimento de los Sres. BRELEUR y KOTOR.

En la misma línea, la compañía Renault ha multiplicado las interpretaciones engañosas de la decisión del Comité para la Eliminación de la Discriminación Racial de la ONU, excluyendo así cualquier aplicación de las disposiciones de la resolución 60/147 de la Asamblea del 16 de diciembre de 2005 de la Asamblea General de la ONU que confiere al Sr. Laurent GABAROUM un derecho a reparación por los perjuicios resultantes de la violación de los artículos 2 y 6 de la Convención de la ONU.

Ante esta situación sin precedentes, actualmente se están llevando a cabo iniciativas para permitir que se liquiden los derechos de reparación de las víctimas de las prácticas discriminatorias de Renault.

Epílogo: Llamamiento del MIR a todos los descendientes de Africanos deportados y a todos los Africanos del continente.

El análisis de los textos publicados en este libro demuestra que la reparación primero debe ser parte de una visión de liberación del pensamiento y del hombre que implica una vasta empresa de reestructuración del humano deshumanizado y oprimido, en su dimensión espiritual y en su dignidad como ser humano.

Debe ser una herramienta al servicio de la liberación total y el desarrollo de los pueblos dominados, depredados por el Occidente, que se ha arrogado el derecho de negarles su Humanidad.

Para nuestros pueblos, la reparación es, por lo tanto, fundamental para recuperar la verdadera libertad, es decir, la libertad del espíritu, la de poder expresar un pensamiento que sea lo más posible, el fruto de una deliberación interna libre de alienación.

Ha llegado el momento de poner fin a esta negación de la realidad de nuestros pueblos, que, durante demasiado tiempo, han recusado ver las graves consecuencias de los crímenes que han durado varios siglos.

Los europeos que hoy tratan de minimizarlos, ya no pueden borrar los indicios de culpa y responsabilidad que los llevaron a reconocer oficialmente estos crímenes, mientras continúan adoptando actitudes agresivas hacia los Pueblos Negros que son las víctimas.

Sin embargo, los descendientes de Africanos deportados y los Africanos del continente, que por mucho tiempo han tratado a Europa con indulgencia debido a su situación de dependencia económica, no pueden olvidar que es esta misma Europa la que está originando la dramática situación que están viviendo.

Ha llegado el momento de hablar CON UNA SOLA VOZ Y EXIGIR EN NOMBRE DE LA HUMANIDAD, que el Occidente repare los crímenes de lesa Humanidad cometidos contra nuestros pueblos.

La restauración de una Humanidad reconciliada consigo misma requiere una reparación total, integral y global.

Es por eso que llamamos a TODOS LOS AFRICANOS DE ÁFRICA Y DE LA DIÁSPORA A UNIRSE A LA ACCIÓN EN REPARACIÓN DEL MIR actuando personalmente y como derechohabientes de las víctimas de los dos crímenes en los nuevos procesos que vamos a establecer para lograr la instauración de esta reparación necesaria, garantía de reconciliación y de desarrollo de todos los pueblos.

El Movimiento Internacional por las Reparaciones

Presentación del MIR

Movimiento Internacional por las Reparaciones

Creado por personas de ascendencia Africana del Continente y la Diáspora, el Movimiento Internacional por las Reparaciones ha iniciado desde 2001 los "convoyes por las reparaciones" (Konvwa pou reparasyon) en Martinica, Guadalupe y Guyana en colaboración con intervinientes de los países vecinos (CIPN de Guadalupe ...) y apoyado el Movimiento por la Reparación de la Reunión cuyos responsables son los niños deportados.

Los miembros del MIR han participado en numerosas conferencias internacionales en las Américas y en el continente Africano con el fin de hacer avanzar la cuestión de las reparaciones en los diversos organismos internacionales (ONU, UNESCO, CARICOM, UA ...)

Desde 2018, el MIR ha iniciado los Konvwa pou reparasyon en África. El primero tuvo lugar en abril de 2018 en Senegal y lel segundo en Benín en agosto de 2019. El papel de estos konvwa es reconciliar a los hijos de la diáspora con la tierra de Kama y llevar la cuestión de las reparaciones al debate entre los Africanos del continente. Esta reconexión dio lugar a la creación de MIR Senegal en mayo de 2019.

El Movimiento Internacional por las Reparaciones (MIR) es un movimiento ecologista antiimperialista y se opone a toda discriminación. Adhiere al principio adoptado en la Conferencia Mundial contra el Racismo en Durban (2001), a saber, en todo combate, prioridad a la "voz de las víctimas". El MIR se hace eco de la adopción de la ley Taubira (2001) y es la primera organización que ha presentado una denuncia contra el estado francés al pedir, en mayo de 2005, reparaciones por la esclavitud. El MIR promueve el concepto de las **tres "R" (Reconocimiento, Reparaciones y Reconciliación)**, que se definen de la siguiente manera:

Reconocimiento: El mundo occidental debe reconocer la deuda histórica que le debe a los pueblos africanos y, en general, a todos los pueblos que han sido esclavizados. La República Francesa ya ha dado un primer paso (ley de Taubira). Pero queda mucho por hacer ...

Reparaciones: esta deuda debe pagarse, de una forma u otra, mediante un trabajo de reconstrucción y con la indemnización de las víctimas y de las hijas e hijos de las víctimas.

Reconciliación: Avanzar juntos en la misma dirección, sin olvidar el pasado.

Libros del MIR

23 DE MAYO 2005

Primera citación de un Estado colonial en reparación

Edición del MIR

10 de mayo de 2011

Conmemoración nacional francesa MEMORIA DE LA TRATA NEGRERA DE LA ESCLAVITUD Y SUS ABOLICIONES

Publicación MIR

.